기독교문서선교회(Christian Literature Center: 약칭 CLC)는 1941년 영국 콜체스터에서 켄 아담스에 의해 시작되었으며 국제 본부는 미국 필라델피아에 있습니다.
국제 CLC는 59개 나라에서 180개의 본부를 두고, 약 650여 명의 선교사들이 이동 도서차량 40대를 이용하여 문서 보급에 힘쓰고 있으며 이메일 주문을 통해 130여 국으로 책을 공급하고 있습니다. 한국 CLC는 청교도적 복음주의 신학과 신앙 서적을 출판하는 문서선교기관으로서, 한 영혼이라도 구원되길 소망하면서 주님이 오시는 그날까지 최선을 다할 것입니다.

추천사

이 세 용 박사
안산반월교회 원로목사, 전(前) 총신대학교 교육대학원 교수
『새벽만나』 저자

21세기를 맞이한 우리 한국 교회는 엄청난 변화의 흐름에 올바르게 대처하지 못하며 심각한 혼란의 시대에 직면해 있습니다. 지나간 1세기 동안 우리 신앙의 선각자들이 쌓아 올렸던 공든 탑들이 곳곳에서 허물어지는 현장을 바라보며 도대체 어떻게 이런 시련을 극복해야 할지 감히 엄두가 나지 않는 기막힌 현실에 가슴이 찢어지는 듯한 아픔을 느낄 때가 한두 번이 아닙니다.

지나간 130여 년의 기독교 역사 속에서 우리의 신앙선조들이 피땀 흘려 세운 믿음의 찬란한 공적들은 세상 사람들조차 인정하며 하나님의 영광을 이 땅 위에 새긴 바 있습니다. 그러나 21세기의 문이 열리는 동시에 여기저기서 들려오는 기독교와 교회에 대한 비판과 비난의 소리는 우리의 교회와 목회자들과 성도들에게 치명적이고도 심각한 상처와 고통을 안겼습니다.

거기에 더해 코로나19(Covid-19)라는 질병의 재앙은 이단(異端)들과 이단사상을 가진 선교단체와 함께 시작하면서 우리 순수한 기독교와 성도들에게 오히려 더욱 씻을 수 없는 수치와 모멸을 안겼습니다. 가뜩이나 심각한 쇠퇴의

조짐과 사회의 급격한 악질적인 조건의 변화 속에서 한없이 위축되고 충격의 고통으로 인해 공감적(共感的) 피로와 심한 외상적(外傷的) 스트레스에 시달리는 목회자들과 교회의 여러 지도자들에게는 일종의 절대 절명의 위기가 찾아온 것입니다.

이제 성장의 동력이 떨어지고 쇠퇴의 길에 들어선 우리 한국 교회를 지켜야 하고 살려야하는 최후의 보루는 바로 "정신 건강 보호자"들인 목회자, 상담자, 교사, 각 분야의 리더(leader)들입니다. 문제는 정신 건강 보호자들 대부분이 영적 탈진(脫盡, burn-out)상태에 빠져 있다는 사실입니다. 예컨대, 목사님들의 목회 현장은 그야말로 이 세상의 어떠한 노동자들보다 더 심각한 탈진 상태라는 것이 대부분의 목사님들이 직면한 부정할 수 없는 엄연한 현실이라는 말입니다.

이 세상에서 가장 치열하게 벌어지고 있는 전쟁터가 바로 교회요, 전사(戰士)가 목회자입니다. 그 치열한 전쟁터(battle field)에서 승리하면 브라가 골짜기, 곧 승리의 골짜기(victory valley)가 되면서 그 모든 탈진으로부터 회복되어 새 힘을 얻을 수는 있겠지만, 패배하면 그대로 킬링 필드(killing field)같이 되어 무서운 좌절과 낙망으로 인해 낙오되는 비극이 도래할 것입니다.

교회는 그 규모의 크고 작고를 막론하고 엄청난 양의 행정 업무가 끊임없이 지속됩니다. 교인 한 사람 한 사람의 신앙 관리도 결코 무시할 수 없습니다. 잠깐이라도 소홀히 하면 곧바로 교회를 떠나는 것이 다반사이기 때문입니다. 상회(上會)나 지역사회와의 관계도 원만하게 유지해야 하고, 본인의 건강도 세심히 살피며 유지해야 합니다.

그러나 그 무엇보다 더욱 중차대한 목회자의 문제는 끊임없이 지속해야 하는 설교에 있습니다. 목회 성공에 대한 막중한 열쇠는 단연코 목사의 설교 영역에 속할 수밖에 없기 때문입니다. 이렇게 목사와 설교는 뗄레야 뗄 수 없는 마치 한 몸과 같은 관계요, 게다가 목사의 목회에 대한 평가는 단연코 설교의 능력을 기준으로 판단하는 경우가 대부분입니다.

그렇기 때문에 목사는 싫든 좋든 이 설교에 목회의 생명을 걸고 올인(all-in)할 수밖에 없고 그래야만 하는 환경 속에서 엄청난 공감적 피로와 스트레스를 받고 고민하게 됩니다. 이런 엄연한 현실 속에 기독교와 교회의 정신 건강 보호자인 목회자들의 공감적 피로와 탈진으로부터 생존(生存)하고 치유(治癒)해 영적 성숙함으로 발전하기 위한 생존전략과 예방과 치유의 몇 가지의 모델(model)을 제시한 귀중한 책을 기꺼이 소개하고자 합니다.

추천자인 본인의 목회 37년 기간 중에 서로 목회 현실의 문제를 흉금을 털어 놓고 허심탄회하게 그 해결책을 나눴던 소중한 경험대로 본서를 편찬하게 된 것을 더없이 기뻐하며 축하합니다. 현실을 현실대로만 받아들이지 않고 그 너머에 나타나는 문제들을 바라보며 어떻게든 해결하려는 의지를 통해 손영득 목사님의 앞날을 다시 주목하는 계기가 되었습니다. 참 좋은 책을 펴낸 목사님을 축복하며 오히려 감사를 드립니다.

신동진 목사

동은교회 담임
전(前) 남아공 케이프타운한인교회 담임

본서는 현장의 목회자들에게 큰 도움이 되리라 확신합니다. 현대의 많은 목회자가 말씀 사역 외에도 여러 일이 가중되어 있습니다. 교회성장 및 행정 그리고 재정 및 인사, 심지어는 건축에까지도 신경 쓰게 됩니다. 무엇보다 중요한 일은 성도들을 직접 만나 그들이 겪고 있는 여러 가지 어려움들에 대해 깊은 공감을 가지고 그들의 이야기를 경청하고 기도나 말씀으로 또는 여타의 방법으로 섬기는 일입니다.

그런데 이렇게 다양한 방식으로 성도들을 섬기는 사역들은 목회자 자신에게 긍정적 영향을 끼치는 면도 있겠지만 부정적 영향을 끼치는 면도 있을 것입니다. 하지만 문제는 어떤 부정적 영향을 받고 있는지에 대해 목회자가 자신을 되돌아볼 여건과 시간이 없다는 사실입니다. 더군다나 목회자는 산적한 교회 사역들로 인해 자신의 문제에 대해서는 소홀하기가 쉽습니다.

'내가 목회자이다'라는 정체성은 어쩌면 지금 자신에게 어떤 문제가 일어나고 있는지 되돌아보지 못하게 하고 단지 타인을 위해서만 봉사하고 섬기는 일에만 몰두하게 만듭니다. 물론 봉사하고 섬겨야 한다는 목회자의 정체성은 목회자라면 당연히 가져야 할 지극히 귀한 소명입니다. 그렇지만 이런 생각으로 인해 자신에게 어떤 부적절한 것이 누적되고 있다면 그것은 매우 심각한 일일 것입니다. 왜냐하면, 목회자 자신의 문제는 자신뿐만 아니라 자신이 대하는 모든 성도에게 더 나아가 목회자의 가족들에게도 큰 영향을 미칠 것이기 때문입니다.

그런데 더 큰 문제는 목회자가 자신을 되돌아볼 시간과 여건이 있다고 해도 무엇을 어떻게 되돌아봐야 할지 잘 알지 못한다는 것입니다. 옆에 있는 누군가가 목회자의 상태를 보고 정확한 충고와 지적을 해 주면 좋으련만, 목회자의 문제를 냉철히 바라보기란 쉽지 않는 문제이고, 또 그 문제를 정확히 안다고 해도 그 문제를 가지고 목회자와 대화하기란 쉽지 않은 일이기에 목회 사역을 하는 동안 부정적인 요소(공감적 피로)가 계속 쌓여 가고 있는 실정입니다.

바로 그런 일선 현장 목회자들을 위해 본서는 목회자들이 자신을 되돌아봐야 할 꼭 필요한 내용과 문제를 점검할 수 있게 해 줍니다. 본서는 단순히 상담학과 외상학의 한 특정 분야를 기술한 책이 아니라고 생각합니다. 목회자들이 무엇을 되돌봐야 하는지, 자신에 대해 어떤 부분을 점검해야 하는지를 알려 줍니다.

본서는 목회를 하는 동안에 목회자 자신에게 어떤 일이 일어날 수 있는지를 미리 알려 줍니다. 그뿐만 아니라 이미 누적되어 있는 신체적, 심리적, 영적 문제에 대해 심도 깊은 점검을 해 주고 있습니다. 더 나아가서 목회자의 주 사역인 말씀 사역에 있어서 자칫 놓칠 수 있는 중요한 핵심을 생각나게 하는 데도 도움을 줍니다.

한 교회에서 목회자와 성도들 사이에 서로를 이해하고 성도들 편에서 목회자를 이해하는 데 도움을 주지만, 특히 목회 현장에서 주의 일에 크게 힘쓰고 있는 현장 목회자들에게 더 큰 도움이 될 것을 확신하기에 기쁜 마음으로 본서를 추천하는 바입니다.

김 일 두 박사

KAIST 신소재공학과 석좌교수
ACS Nano 부편집장, 멤브레인혁신센터 센터장

우리는 필요한 기능을 지닌 제품을 만드는 것이 중요했던 시대를 지나 사물 속에 포함된 소프트웨어, 디자인, 빅데이터의 수집과 축적, 분석을 기반으로 한 서비스 산업의 중요성이 더욱 강조되는 4차 산업 시대를 살고 있습니다. 1인 가구 수가 늘면서 사람들 간의 직접적인 만남은 크게 줄어든 반면 소셜네트워크서비스(SNS)나 다양한 메신저(Messenger)를 통한 과도한 정보의 입력은 스트레스와 피로감을 유발하며, 종종 정신적 질환으로 이어지게 됩니다.

스마트 기기의 보급으로 일상의 편리함이 크게 증대된 반면 사소한 오해와 갈등, 비난이 더욱 빈번하게 쏟아지는 현실이 무척 안타깝습니다. 최근 들어 스트레스, 트라우마, 정신적 탈진(burnout)과 같은 용어들을 자주 듣게 되고, 이로 인한 폭력적 성향과 반사회적인 행동들도 넘쳐나고 있습니다.

추천인도 KAIST 교수로 재직하면서 학업에 대한 과도한 스트레스로 상담을 요청해 온 학부생의 이야기를 듣고, 2년 가까이 돌봄을 해 본 경험이 있습니다. 그 학생은 다행히 잘 졸업해 큰 보람과 감사를 느끼긴 했지만, 상담자로서 조마조마한 마음이 들었던 기억이 떠오릅니다.

본서를 읽으면서, 공감하는 그 자체로도 감정의 소모를 느끼게 되고, 이 상황이 지속적으로 반복되면 내담자의 힐링(healing) 과정에서 얻어지는 만족감보다 공감적 피로감이 더 커질 수 있다는 점을 다시금 깨달았습니다.

형식적인 공감이 아닌 참된 내면의 공감을 지속적으로 이끌어 내기 위해서는 상담자 또한 공감적 스트레스(compassion stress)를 극복하기 위한 재충전 과정과 지속적인 치유 노력이 이루어져야 합니다.

교인들도 공감적 피로감을 느끼는데 심방, 전도, 선교지원, 성도들과의 만남이 잦은 목사님들의 공감적 피로감은 어떠할까요? 손영득 목사님이 본문에서 강조하신 "공감적 피로들이 영적 충격을 유발할 수도 있다"는 점에 전적으로 동의하며, 공감적 피로를 극복하기 위한 생존전략들이 무엇인지 이해하고, 정신 건강 보호자로서 목사님들의 피로회복 노력이 더욱 중요하다는 것을 깨닫게 되었습니다.

본서는 코로나19 팬데믹 상황에서 스트레스가 더욱 증폭되고 공감적 외상이 점점 더 커져 가는 현 시대에 우리 성도들의 자세뿐만 아니라 목회자들이 처한 환경과 빠른 시대 흐름 속에서 공감적 피로가 어떻게 이해되어야 하고 치유되어야 하는지를 잘 다루었습니다.

"하나님과의 만남은 성령에 의해 이루어지고 인간의 언행에 의해 증명된다"는 언급처럼 하나님의 은혜로 주어진 믿음이 현 시대의 빠른 변화로 인해 흔들리지 않기를 소망하며, 삶의 의미에 대한 성찰과 신앙의 본질에 대한 깨달음을 통해 신앙의 회복과 성장이 이루어지길 기도해 봅니다.

공감적 피로의 영적 외상 이해

공감적 피로에 대한 목회자의 생존전략과 예방, 치유 모델 제시

The Understanding of Spiritual Trauma of Compassion Fatigue
Written by Young-Deuk Son
All rights reserved.
Korean Edition Copyright ⓒ 2021 by Christian Literature Center, Seoul, Korea

공감적 피로의 영적 외상 이해:
공감적 피로에 대한 목회자의 생존전략과 예방, 치유 모델 제시

2021년 06월 17일 초판 발행

지은이	|	손영득
편 집	|	전희정
디자인	|	박성준, 장정훈
펴낸곳	|	(사)기독교문서선교회
등 록	|	제16-25호(1980.1.18.)
주 소	|	서울특별시 서초구 방배로 68
전 화	|	02-586-8761~3(본사) 031-942-8761(영업부)
팩 스	|	02-523-0131(본사) 031-942-8763(영업부)
이메일	|	clckor@gmail.com
홈페이지	|	www.clcbook.com
송금계좌	|	기업은행 073-000308-04-020 (사)기독교문서선교회
일련번호	|	2021-61

ISBN 978-89-341-2304-0 (93230)

이 책의 저작권은 저자와 (사)기독교문서선교회가 소유합니다. 신저작권법에 의하여 한국 내에서 보호를 받는 저작물이므로 무단 전재와 무단 복제를 금합니다.

목 차

추천사
  이 세 용 박사 | 안산반월교회 원로목사, 전(前) 총신대학교 교육대학원 교수,
    『새벽만나』 저자
  신 동 진 목사 | 동은교회 담임, 전(前) 남아공 케이프타운 한인교회 담임
  김 일 두 박사 | KAIST 신소재공학과 석좌교수

저자 서문

제1장 공감적 피로의 영적 외상 이해　　　　　　　　　　14
  1. 공감적 피로의 배경　　　　　　　　　　　　　　　　14
  2. 기독교 정신 건강 보호자인 목사의 공감적 피로의 영적 외상　19

제2장 공감적 피로의 영적 외상에 관련된 용어 및 특징　　28
  1. 외상과 외상 스트레스　　　　　　　　　　　　　　　28
  2. 이차적 외상　　　　　　　　　　　　　　　　　　　32
  3. 영적 성숙　　　　　　　　　　　　　　　　　　　　50
  4. 하나님 이미지　　　　　　　　　　　　　　　　　　53

제3장 공감적 피로(CF) 현상에 대한 목회 전략상 예방　　55
  1. 공감적 피로의 생존전략　　　　　　　　　　　　　　54
  2. 공감적 피로 예방을 위한 모델　　　　　　　　　　　68

제4장 외상 돌봄에서 정신 건강 보호자로서의 목사   125
  1. 외상 돌봄에서 정신 건강 보호자로서 목사의 역할   125
  2. 외상 돌봄에서 목사의 하나님 이미지   130
  3. 정신 건강 보호자로서 목사(성직자)의 위치 변화: 성취(스트레스)에서
     소명, 헌신 그리고 봉사(도움)의 사역에로의 재구성   141

제5장 전체 요약과 결론   151

참고 문헌   156
부록1 공감적 피로 자가 검사   163
부록 2 영적 외상 검사   167
부록 3 목회 의미 차등분석   170
부록 4 목회 상담을 위한 간단한 진단 차트   173

제1장

공감적 피로의 영적 외상 이해

1. 공감적 피로의 배경

　정신 건강 전문의, 치료자 그리고 종사자는 때때로 우리의 삶 속에서 자연적 또는 인재로 인해 발생한 재난에 직면한다. 비록 이들 각 재난이 독특한 특징과 역학을 가지고 있을지라도 이 모든 재난은 공통으로 희생자들과 그 재난에 반응한 치료자와 상담자에게 심리적, 영적 외상을 남긴다(Myers & Wee, 2005, xiii; Louw, 2008, 129-130).

　정신 건강 전문의, 치료자 그리고 종사자는 폭력 범죄, 자연 재난, 아동 학대, 고문, 집단학살 행위, 정치적 박해, 전쟁 그리고 다른 테러리즘에서 생존한 생존자들을 지원하도록 점점 더 많은 요구를 받고 있다(Myers & Wee, 2005, 240). 외상 생존자들을 돕는 치료자들과 종사자들(도우미들)의 반응에 관한 토론은 최근 외상학 문헌들에 등장하고 있다(Figley, 1995, xii; 2002, 17).

외상적 보고를 듣는 정신 건강 전문의들, 치료자들 그리고 종사자들은 그들의 내담자들이 겪는 경험에 압도당할 수 있으며 그들 내담자의 경험과 유사한 두려움, 아픔 그리고 고통을 경험할 수도 있다(Myers & Wee, 2005, 97). 따라서 외상 생존자들(trauma survivors)을 돌본다는 것은 정서적으로 고갈되는 일이다. 외상 생존자들을 위한 중요한 이슈는 외상 생존자들에게 공감적 연결(empathic connection)을 지원해 주는 문제이다(Wastell, 2005, 117).

피글리(Figley)는 외상적 경험에서 살아남은 사람들을 언급하기 위해 "생존자들"(survivors)이라는 용어를 사용했다(Figley, 1995, 83). 생존자들 역시 희생자들이기에 우리는 그들의 경험을 과소평가하거나 부정하면 안 된다. "생존자들"이란 용어는 아픔과 고통보다는 해결과 치료를 강조하기 위한 의도로 사용되었다.

외상 보고를 듣는 정신 건강 전문의, 치료자 그리고 종사자(staff)는 그들의 내담자(혹 환자)의 세계, 그들 자신 그리고 그들의 가족들에게 같은 외상적 특성들을 보이기 시작한다. 내담자의 두려움, 아픔 그리고 고통의 이야기들을 듣는 상담자들은 그들이 내담자를 돌본다는 이유로 내담자와 유사한 두려움, 아픔 그리고 고통을 느낄 수 있다. 그들은 강압적 사고, 악몽 그리고 보편적 불안을 느끼기 시작한다.

따라서 그들은 내담자(타인)의 외상적 경험을 들음으로 초래되는 결과를 극복하기 위해 지원을 필요로 한다(Figley, 1995, 1-2). 그들의 내담자가 상술한 외상적 사건들을 계속 경청한 결과, 전문적 상담가들은 그들이 그들 자신을 인식하는 방식, 그들이 일하는 방식 그리고 그들이 그들을 둘러싼 환경과 상호작용하는 방식에 깊은 변화를 경험할 수 있다(Alkema, Linton & Davies, 2008, 101-119).

피글리(1995)뿐만 아니라 펄맨(Pearlman)과 사크비트네(Saakvitne,1995) 역시 그들이 저술하고 편집한 책에서 의미심장하게 같은 해에 전문적 상담가들을 돕는 중에 이런 현상을 연구했다. "대리적 외상"(vicarious traumatization, McCann & Pearlman, 1990, Pearlman & Saakvitne, 1995), "이차적 외상 스트레스"(secondary traumatic stress, Figley, 1987) 그리고 "공감적 피로"(compassion fatigue), 이 용어들 모두 전문적 상담가들이 외상 생존자들(trauma survivors)을 돌볼 때 그들이 고통받는 유해한 영향을 기술하는 전문용어의 초석이 되었다(Figley, 1995, 9).

고통에 놓인 사람들을 돌보는 전문 치료자가 엄청난 희생을 감당해야 한다는 것은 새로운 개념이 아니다(Catherall, 2004, 51). 그러나 단지 최근에 외상적 경험으로부터 가해진 형언할 수 없는 상처들을 치료하는 그들이 경험하는 이차적 해로운 영향(돌봄 비용/희생 또는 이차적 외상 경험, Catherall, 2004, 162), 즉 역전이 탈진, 외상 후 스트레스 장애, 대리적 외상, 이차적 외상 스트레스 장애(공감적 피로)를 조사하기 위한 실질적 노력이 있었다(Figley, 2002, 2).

하나의 치료적 기술로서 이런 "돌봄 비용-(희생)"(cost of caring)과 관련해 역전이(countertransference: 치료적 상황에서 내담자 곧 환자에 대해 치료자의 의식적 또는 무의식적 상호반응)를 어떤 유형으로든 도입하려고 처음으로 시도한 정신분석가는 칼 구스타프 융(Carl Gustav Jung, 1875-1961: 스위스의 심리학자, 정신의학자)이었다.

융은 이 시점에서 정신분석가(치료자)와 환자(내담자) 사이에 매우 미묘한 무의식적 상호작용을 제시했다. 비록 잠정적으로 위험할지라도 정신분석가의 개입은 피할 수 없음을 의미하고 있는 것이다(Sedgewick, 1995, 10-11).

그는 환자(내담자)가 가진 병(병의 "증상")의 무의식적 영향을 통해 실제적 전이(the actual transferring)가 정신분석가(치료자)에게 영향을 미치고 있음을 경고했다(Jung, 1929, 72). 따라서 외상(trauma)이나 폭력에 노출된다는 것은 어떤 의미에서 재난을 보는 모든 사람 역시 잠정적인 희생자라는 것과 우리를 둘러싼 세계 역시 그 자체는 외상을 입은 환경이 될 수 있음을 의미한다. 융은 그의 연구에서 "돌봄을 제공하는 시스템(care giving system)에 있어 외상의 충격을 인식했다. 즉, 외상의 무의식적 영향(전염)은 정신적 질병이 있는 사람을 치료함으로부터 발생할 수 있다"는 것이다(Louw, 2008, 136).

외상 종사자들은 내담자와 상호작용하면서 그들의 무의식적 현재와 과거에 경험한 스트레스와 외상을 마음에 떠올린다. 예를 들면, 외상 종사자들은 그들 자신의 억압된 외상과 유사한 외상에 고통받는 내담자들에게 끌릴 수 있고, 이런 외상 종사자들이 가진 문제의 무의식적 전이는 나중에 역전이를 유발할 수 있다. 이런 사실은 외상 종사자들에게 외상을 형성할 수 있는 것이다(Figley, 2002, 20).

최근 20세기 후반에 생산성에 공격적 주안점을 둔 사업과 산업 분야는 이런 "돌봄 비용(희생)"과 관련하여 "탈진"(burnout)이란 개념을 우리에게 제공하는데, 이는 생산현장의 환경적 요구들이 산업역군에게 미치는 유해한 영향을 기술하기 위해서이다(Figley, 2002, 86).

이런 "돌봄 비용(희생)"에 관련된 외상의 영향에 관한 연구는 내담자를 도움으로부터 발생하는 부정적 영향들에 관해 더 나은 이해를 촉진했다. 외상에 대한 심리학적 반응은 여러 가지 다양한 명칭으로 과거 150년 동안 기술돼왔는데, 이를테면 "탄환 충격"(shell shock), "전쟁신경증"(combat neurosis), "철도 척추"(railroad spine: 19세기에 철도사고에 관련된 승객들의 외상 후 증상들에 대한 진단용어), "전투 피로"(combat fatigue)등이다(Dalene, 2002, 2; Figley, 1995, 22; Johnson & Wee, 2005, 135).

또한, 응급 처치 요원들, 재난 봉사자들 그리고 외상 상담가들의 "돌봄 비용(희생)"에 관련해 외상의 충격에 중점을 둔 연구와 문헌들은 이런 사람들이 "외상 후 스트레스 장애"(Posttraumatic Stress Disorder:PTSD), "공감적 피로"(Compassion Fatigue:CF, 이차적 외상 스트레스 장애〈Secondary Traumatic Stress Disorder: STSD〉), "탈진"(Burnout: BO)의 위험에 노출되어 있다고 말한다(Myers & Wee, 2005, 135).

개인이나 집단(그룹)에 대한 중대한 사건의 결과로서 경험된 외상적 스트레스(Traumatic Stress)는 신체적, 인지적, 정서적, 행동적 그리고 영적 징후와 증상(spiritual signs and symptoms)들을 가지는데 이런 징후와 증상들은 즉각적으로 발생할 수도 있고 또한 미뤄질 수도 있다(Myers & Wee, 2005, 150-154).

서양 심리 치료의 관점으로부터 영향을 받은 외상 치료과정은 3단계로 인식된다.

첫째, 안전의 회복과 안전한 공간의 창조
둘째, 기억의 회복과 슬픔의 촉진(외상의 재구성과 외상적 기억의 변환)
셋째, 새로운 관계성과 외상의 해체를 시작하는 일상적인 생활로의 통합(조화)

서양 심리 치료의 관점으로부터 파생된 이런 외상 치료과정들은 설명적 (원인과 결과) 모델(explanatory-cause and effect- model; Louw, 1998, 82)에 기반을 둔 신체 외상의 의학적 모델들에 의해 깊이 영향 받아왔다(Louw, 1998, 79; Wastell, 2005, xv-xvi).

그러나 외상 치료과정 3단계에 더해 공감적 피로(이차적 외상 스트레스 장애)의 영적 외상의 파괴력(영향)(the impact of spiritual trauma)을 평가하고 다루기 위해서는 시스템 사고(systematic thinking)와 해석학적 접근(hermeneutical approach)에 기초한 네 번째 단계가 추가되어야 한다. 이런 이유로 지원 시스템(support system)과 함께 신뢰와 격려의 공간(space)을 만든다는 것은 새로운 목표 설정에 대한 기대와 더불어 활기찬 소망과 미래에 관한 방향설정을 촉진하기 위한 의미의 근거 세움까지 다룬다(Louw, 2008, 131).

2. 기독교 정신 건강 보호자인 목사의 공감적 피로의 영적 외상

목사(목회자)는 폭력과 소름 끼치는 사건들을 목격한 사람들에게 목회적 지원과 돌봄을 제공하기 위해 부름을 받을 수 있다. 목사가 개인적 문제를 가진 교회 구성원을 도와주는 일을 얼마나 많이 좋아하든지 좋아하지 않든지 간에 조사 자료들은 다음과 같이 제시하고 있다.

곤경에 처해 도움을 구하는 사람들 중 40퍼센트가 그들이 소속된 목사에게 먼저 간다는 것이다.

그 결과 목사는 평균적으로 10~46퍼센트의 시간을 상담에 할애한다고 보고한다. 그런데도 많은 목사가 정서적, 행동적 문제들을 평가하고 다룸에 있어 비교적 거의 공식적인 훈련을 받지 않았고, 그 결과 성도들에 의해 제기된 몇몇 문제를 다룸에 있어 준비되지 않았음을 자주 느낀다고 보고한다(Johnson & Johnson, 2001, 1).

사실 목회를 한다는 것은 세상에서 제일 어렵고 피곤한 직업 중 하나일 수 있다. 목사는 광범위한 범위에 있어 흠이 있고 타락한 인간에 대해 능동적이고 현명한 목자가 되기 위해 부름을 받았다. 설상가상으로 목사는 그들이 목회하는 회중에 의해 제기된 모든 문제와 상황을 이해하고 도와주는 데 있어 그들의 능력 역시 일반적이고 불완전함으로 자연히 제한적이다.

목사는 목회하는 지역교회에서 설교하고, 가르치고, 전도하고, 일반적 행정 일을 하는 데 더해 광범위하게 배열된 문제 상황과 개인적 고통을 가지고 그들에게 온 남녀 성도들을 상담하는 일에 많은 양의 시간을 보낸다(Johnson & Johnson, 2001, 1).

목사는 성도들이 끔찍하고 폭력적이고 외상적인 사건들에 직면할 때, 정신 건강 보호자로서 치료과정 속에서 그들 자신이 듣고 경험한 것에 의해 외상을 입을 수 있다. 다른 이들에게서 발생한 비극적 사건들을 목격하거나 그 비극적 사건들을 막지 못했다는 강한 죄책감과 책임감에 고통받는 개인들처럼, 정신 건강 보호자로서의 목사는 "생존자 죄책감"(survivor guilt; Niederland, 1981, 420, Figley, 1995, 132)에 직면하게 된다. 즉, 정신 건강 보호자로서의 목사는 그들 자신이 목양하고 있는 성도들 또는 상담하고 있는 내담자들의 외상적 경험의 내용뿐만 아니라 도움을 구하는 그들의 필요에 도움을 주지 못했다는 무능력과 자책감 때문에 또한 외상을 경험하게 될 수도 있다(Figley, 1995, 139).

고통에 괴로워하는 사람과 상담을 진행한 결과, 정신 건강 보호자로서의 목사는 공감적 피로의 "공감 스트레스"(compassion stress)를 경험한다. "공감 스트레스"는 내담자의 고통 노출과 관련된 스트레스로서 정의되고, "공감 능력"(empathy ability)은 다른 이들의 고통을 감지하는 능력으로 규정된다.

이런 공감적 기질은 흔히 조력자(도우미, helper), 특히 정신 건강 보호자(목사)로서의 역할을 선택하도록 사람들을 이끈다. 결국, 이 능력은 내담자(피해자, sufferer)에 대한 노출 기능으로서, 고통받는 내담자의 정서를 경험하는 것으로서 정의되는 "정서 전염"(emotional contagion)에 대한 민감성과 연관된다(Figley, 1995, 252).

공감적 피로는 이차적 외상 스트레스로서 외상학 분야에서 알려진 최근 개념이다. 대부분 이런 현상들은 정서적 고통 속에 있는 다른 사람들을 위한 "돌봄 비용(희생)"과 관련이 있다(Figley, 2002, 2).

비록 공감적 피로에 대한 개념이 정교한 이론적 맥락 속에 둘러싸여 있을지라도 내담자 중심 치료과정에서 다른 모든 개념으로부터 공감적 피로에 대한 개념을 판단하거나 구분하는 것은 어려운 일이다(Figley, 2002, 3).

피글리(1995, 7)는 이차적 외상 스트레스(공감적 피로)를 이렇게 정의했다.

> 중요한 타인이 경험한 외상적 사건을 앎으로써 기인한 자연스러운 결과로서 일어나는 행동들과 감정들, 즉 외상과 고통에 처한 사람을 도와주기를 원하거나 그들을 도와줌으로 원인이 된 공감 스트레스를 말한다.

긴급 구조원들(응급 의료요원, 최초 대응자), 재난 종사자들 그리고 외상 상담가들이 지불하는 "돌봄 비용(희생)"에 관련한 외상의 충격에 중점을 둔 연구와 문헌은 다음과 같은 사실을 또한 보여 준다. 이 종사자들은 외상 후 스트레스 장애(PTSD), 공감적 피로(CF, STSD), 탈진(BO)에 위험한 상태로 노출된다는 사실이다(Myers & Wee, 2005, 135).

공감적 피로(Figley, 2002, 5)는 외상을 입을 사람들을 직접 돌봄으로 그들과 접촉하는 전문 종사자들에게 촉발된 이차적 외상과 탈진의 결합물이다(Figley, 2002, 124).

공감적 피로의 두 요소로서 '이차적 외상'과 '탈진'은 돌봄 종사자로서 자신의 어려움에 도움을 요청하는 데 어려움을 남김으로써 그들의 전문적(직업적) 사이클(cycle) 속에서 그들에게 영향을 미친다. 비판, 앙갚음 또는 조소, 조롱에 대한 두려움, 즉 자기 노출에 대한 두려움과 모든 것을 할 수 있다는 환상 그리고 다른 전문동료들을 신뢰함에 어려움을 가진다는 사실은 그들 자신이 도움이 필요할 때 침묵 반응과 더불어 전문동료들의 도움을 막는 원인이 되는 것 같다(Figley, 2002, 125).

탈진과 공감적 피로는 고갈(exhaustion)과 과다 노출(over-exposure)의 공통적 현상과 관련이 있기 때문에(Louw, 2008, 135), 내담자-치료자 치료과정(the client-therapist transaction)에서 탈진과 공감적 피로 간의 차이점을 구분하는 것은 매우 어려운 일이다(Figley, 2002, 3). 만약 돌봄 비용으로 기인한 탈진과 공감적 피로 사이의 각각 다른 경향성과 전략과 예방 모델을 인식한다면 정신 건강 보호자로서 목사는 공감적 피로의 해로운 충격들을 다루는 데 있어 더 많은 도움을 받을 수 있다.

일차적 희생자들에 대한 외상의 충격에 관한 현재의 지식에도 불구하고, 목회 사역과 영적 돌봄의 영역에서 공감적 피로(이차적 희생)라는 측면에서 "돌봄 비용"에 관해 집필되거나 경험적으로 연구된 적은 거의 없었다(Myers & Wee, 2005, 101). 이차적 외상 스트레스 장애는 중요한 타인에 의해 경험된 외상을 초래하는 사건에 관해 아는 것에서 기인한 자연적 결과로서 발생하는 행동이나 감정으로 정의된다.

따라서 이차적 외상 스트레스는 외상을 입거나 고통에 처한 사람을 돕거나 도와주기를 원하는 것으로 인해 나타나고(Figley, 1995, 7; Myers & Wee, 2005, 106), 심지어 영적 영역 내에서 외상의 병리(pathology of trauma)까지 발생시킨다(Louw, 2007, 115).

따라서 심리 상담과 목회 상담에서 공감적 피로의 독특한 요소들이 있는데 이 요소들은 추가적인 고려와 민감성을 요구한다. 공감적 피로의 일차적 범주들은 다음과 같이 기술된다.

첫째, 강박적 사고, 이미지, 기분
둘째, 외상적 경험의 기억을 불러일으키는 사람, 장소, 사물 그리고 경험 회피
셋째, 과각성(hypervigilance: 과도한, 지나친 각성), 수면 장애, 과민성(흥분성) 그리고 불안 형태로의 부정적 환기(각성) (Figley, 2002, 125)
넷째, 영적 영역에서, 즉 절대자에 대한 영역에서의 부적당한 태도(attitude)와 적성(aptitude, 경향) (Louw, 2005, 112)

만일 공감적 피로의 해로운 증상들이 전적으로 의학적 그리고 심리적이 아니어서 의사들이나 심리학자가 그 증상들을 치료할 수 없다면, 이제 공감적 피로의 파괴적 증상들은 마찬가지로 영적으로 고려돼야 한다. 따라서 공감적 피로에서의 영적 이슈들은 성직자(clergy, 목사) 또는 영적 돌봄

봉사자(spiritual caregiver)에 의해 다루어져야 한다(Figley, 1995, 106).

목회 돌봄에서 위기 조정자 그리고 외상 봉사자로서의 목사는(Figley, 1995, 102) 이차적 희생자로서 외상의 영향(공감적 피로)을 경험할 수 있다. 즉 중대한 사건의 결과들은 실질적인 위험한 사건으로가 아닌 외상적 스트레스로 이끈다는 것이다(Figley, 1995, 103).

그때 정신 건강 보호자로서의 목사는 외상에 과다 노출함으로 고통을 받고 공감적 피로로 발전한다. 왜냐하면, 공감적 피로는 외상을 경험한 사람을 도와주거나 돕기를 원하는 것으로 기인하는 스트레스이기 때문에, 외상을 경험한 사람과 상담한다는 것은 정신 건강 보호자로서 목사에게 영향을 미치고 태도와 적성(경향)이라는 면에서 피해를 초래한다(Louw, 2008, 136).

공감적 피로와 관련하여 많은 연구가 이차적 외상 스트레스 장애라는 관점에서 수행되었지만(Figley, 1995, 2002; Myers & Wee, 2005), 목회적 접근에서 공감적 피로의 영적인 외상이란 관점에서 수행된 연구들은 거의 없었다.

필자는 다음의 두 가지 접근에 동의한다.

첫째, 개인 또는 그룹이 겪은 중대한 사건의 결과로서의 외상적 스트레스는 신체적, 인지적, 정서적, 행동적 그리고 영적 신호들과 증상들을 가지는데, 이 신호들과 증상들은 그 시작에 있어 즉각적으로 발생하거나 지연될 수도 있다(Myers & Wee, 2005, 150-154).

둘째, 각기 문화적 상황에서 영성과 종교는 죽음, 고통, 아픔, 불공평, 비극 그리고 스트레스가 많은 경험을 다루는 수단일 뿐만 아니라 인생에 대한 의미를 제공하는 데도 중요하다(Boris & John, 2007, 6).

정신 건강과 건강 관리 외에도 혹자는 법, 논문 그리고 종교적 배경 가운데서 개인에게 작용하는 공감적 피로에 대한 영향들에 관한 연구를 찾아볼 수 있다(Jacobson, 2006, 133-152). 그러므로 우리는 "영적 외상"에 대해 말할 수 있는데, 개인이나 그룹에 가해진 외상적 스트레스로 생긴 공감적 피로에서의 영적 외상은 존재의 본질, 자기 인식 그리고 사명과 의미에 대한 의식을 공격한다. 공감적 피로에서의 영적 외상이 하나님에 대한 이해에 영향을 미칠 때, 신정론(theodicy)에 관한 신학적, 철학적 모든 문제, 즉 사랑과 공의의 하나님이 어떻게 고통과 악과 관련되어 있는지에 관한 질문들이 수면 위로 떠오르게 된다.

그리하여 외상적 스트레스(공감적 피로)로 야기된 영적 외상 속에서 인생의 의미와 목적은 모호해지고 혼돈되며 잃어 버리게 된다. 자연, 신비, 사랑, 사람 그리고 초월자와 관계 맺는 능력이 파괴되고 그와 같은 파괴의 영향들이 겉으로 드러나게 된다(Louw, 2008, 131).

외상적 스트레스의 몇몇 공통된 영적 징후와 증상은 공감적 피로 안에서 다음과 같이 반응한다.

첫째, 믿음의 위기(하나님에 대한 분노, 더 이상 믿음을 활용하지 않음, 믿음 공동체에서 탈퇴)
둘째, 극단적이고 망상적인 종교적 사고
셋째, 강박적인 종교적 행위(Myers & Wee, 2005, 154).

로우(Louw)는 외상적 스트레스(공감적 피로에서의 영적 외상)의 이런 영적 징후들과 증상들은 이 상황의 현실이 영적 근원과 적당한 하나님 이미지

(상)에 대한 기존의 이해와 연관되지 못했다는 사실 때문에 일어난다고 주장했다(Louw, 2008, 129). 다른 말로 하면, 기독교 정신 건강 보호자인 목사에게 영향을 미치는 공감적 피로(CF)의 영적 외상의 현상을 이해하는 것이 필요하다는 의미이다. 더 나아가 정신 건강 보호자인 목사에게 있어 공감적 피로(CF)에서의 영적 외상은 목회 돌봄 속에서 적당하지 않은 하나님 이미지와 예방 모델(prevention model)이 강하게 관련되어 있다는 것이다.

이와 같은 이유로 공감적 피로의 영적 외상의 파괴력을 다루기 위해 시스템(체계적) 사고와 해석학적 접근(Louw, 2008, 43, 97, 99)이 필요한데, 역동적 나선형 모델(dynamic spiral model)이 잘 설명한다. 나선형 모델은 다음과 같은 개념들이 중요하다.

첫째, 믿음 체계의 내용
둘째, 삶과 가치 시스템의 규범(표준)적 차원
셋째, 관계성의 질, 예를 들어, 자신과의 관계성, 동료, 가족, 그룹과의 관계성, 그들을 둘러싼 자연, 환경과의 관계성, 문화와의 관계성 그리고 하나님과의 관계성 즉 영적 성숙(spiritual maturity, 영적 수용성, 성숙한 믿음; Louw, 1998, 468) 등이다.

이 모든 개념은 고통 가운데 있는 공감적 피로의 영적 파괴력(영향)에 대한 결정적인 치료적 역할을 한다. 왜냐하면, 고통 가운데 있는 공감적 피로의 영적 파괴력(영향)에 대한 대처 기제(coping mechanisms)들은 관계성의 질과 지원(지지) 체계(support systems)들과 직접 연관되어 있기 때문이다(Louw, 2005, 98).

정신 건강 보호자들이 경험하는 이차적 외상 즉 공감적 피로에 관한 문헌의 재검토가 있었는데, 이는 정신 건강 전문가들이 겪고 있는 공감적 피로가 인지되었고 다루어진 문제로 정의된 바 있다(Adams 등 2008; Craig & Sprang, 2010; Figley, 1989, 2002; Rank 등 2009). 주목할 점은 몇몇 연구가 공감적 피로(CF) 예방에 대한 생존전략들과 모델들이 정신 건강 전문가들에게 있어 최적일 수 있다는 것을 인정했다는 것이다(Craig & Sprang, 2010; Figley, 2002; Gentry, 2002; Myers & Wee, 2005; Pearlman & Saakvitne, 1995a, 1995b).

외상학 분야에서 공감적 피로에 관한 많은 연구에도 불구하고 목회적 접근에 있어 공감적 피로(CF)에서의 영적 외상의 관점과 관련된 예방 모델을 수행한 연구는 거의 없었다. 그러므로 기독교 정신 건강 종사자인 목사(목회자)들의 공감적 피로(CF)에서의 영적 외상을 이해하고 밝혀 내기 위해 우리는 공감적 피로(CF)의 영적 증상들과 징후들 그리고 정신 건강 보호자인 목사의 여러 가지 다른 하나님 이미지(상) 사이의 상호연결성을 인지하는 것이 필요하다.

제2장

공감적 피로의 영적 외상에 관련된 용어 및 특징

1. 외상과 외상 스트레스(Trauma and Traumatic Stress)

지난 20년 동안 받아들여지고 있는 사실은 사람들이 다른 사람들의 고통에 따라 이차적으로 영향받을 수 있다는 것이다. 비록 이차적 스트레스와 외상이 외상학 분야에서 광범위하게 인식되고 있을지라도 이차적 스트레스와 외상을 개념화하려는 노력은 최근에 일어났다(Figley, 2002, 17).

외상 돌봄에서의 이런 자료들은 외상을 입은 사람을 상담할 때 상담자 역시 이차적 외상 스트레스에 전염될 수 있다는 문제 제기에 대해 거의 밝혀 내지 못했음에도 불구하고 오히려 외상학 분야에서 개념적 난제로 이끌고 있다. 예를 들면, 피글리(1995, 4)는 다음과 같은 문제를 지적했는데, 바로 폭력 범죄, 돌발 재난(accident) 그리고 다른 외상적 사건들의 '희생자'의 숫자가 지나치게 낮게 계산되었다는 것이다. 그 이유는 희생자들의 가족이나 친구들을 제외하고 오로지 일차적으로 위험에 노출된 사람들만 숫자에 포함되었기 때문이다.

발표와 후속 출판에서 그린(Green, 1990)은 심각한 신체적 부상 또는 의도적 상해 또는 손상 때문에 생명의 위협을 받는 사람들을 포함함으로써 외상 스트레스의 범위를 이렇게 기술했다.

> 괴이하고 끔찍한(grotesque) 상황에 노출됨, 폭력성을 듣는 것 또는 사랑하는 사람의 갑작스러운 상실, 사랑하는 사람에게서 폭력을 목격하거나 배우는 것, 매우 해로운 행위자에게 본인이 노출되었음을 아는 것 그리고 다른 사람에게 사망이나 심각한 해를 끼치는 것이다(Figley, 1995, 82).

그리스(헬라)어로 '외상'(trauma)은 '상처'(wound)란 의미이다. 생명을 위협하는 사건들 즉 화재 또는 홍수, 성폭력 또는 테러리스트의 공격 등 어떤 사건이든 이 사건들은 마음, 신체 그리고 영혼에 상처를 입힌다. 개인적 완벽과 난공불락(해할 수 없음, invulnerability)은 산산이 부서지게 된다. 따라서 중요하게 지켜온 영적 믿음(신념)은 도전받게 된다.

프로이트(Freud)가 강조한 사랑(liebe, love)과 일(arbeit, work)에 기반을 둔 정신 건강에 단순히 적용되는 정의는 사랑하고, 일하고, 노는 능력이다(the ability to love, work and play). 의미 있는 일을 추구하고 안전과 좋은 인간관계를 지키고 발전시키려는 사람의 능력은 외상의 결과로 심각하게 손상된다(Catherall, 2004, 15).

외상은 또한 '손상'(injury)이라는 의미를 가진 그리스어에서 파생되었다. 하이날(Haynal), (1989)은 외상의 세 가지 특징을 다음과 같이 기술했다.

첫째, 외상은 좌절된 욕구들과 관련이 있다.
둘째, 그 욕구들을 성취를 위한 개인의 무력감을 강조한다.
셋째, 외상은 다른 사람들과 관계 맺음 안에 자리 잡고 있다.

외상적 사건은 사람이 통제하지 못하는 강렬한 자극에 잠기는 것이다. 신체적, 심리적 발달, 연령 그리고 외상이 일어나는 특별한 환경을 포함한 많은 조건은 개인이 특별한 외상적 사건에 어떻게 그리고 어느 정도 반응할 것인가에 영향을 미친다(Figley, 1995, 131-132).

외상적 사건들에 노출되거나 외상적 사건의 결과로 초래되는 정신 병리는 정신 건강의 부정적 영향을 줄이기 위해 외상적 사건들에 노출된 사람들의 일시적 능력을 통해 건강 위험 행동들을 발달시키거나 유지하도록 이끌 수 있다(Figley, 1995, 131; Schnurr & Green, 2004, 217).

일반적으로 심리적 외상의 개념들은 신체적 외상의 의료모델에 의해 상당히 영향을 받아 왔었다. 심리적 외상의 오래된 정의는 드레버(Drever, 1952)에 의해서 다음과 같이 작성되었다.

> 외상은 일종의 정서적 충격인데, 이는 장애를 생성하고 어느 정도까지는 정신적 기능을 지속한다(Figley, 1995, 104; Wastell, 2005, xv-xvi).

극단적 사건들은 이전에 건강했던 사람들을 심한 정서적, 신체적 증상으로 이끌 수 있다는 것이 일관된 인식이다(Schnurr & Green, 2004, 3).

따라서 외상 생존자들(trauma survivors)과 함께한다는 것은 정서적으로 고갈되는 작업이다. 치료자들, 응급 처치 요원들 그리고 의료 전문가들은 오래 전에 이 사실을 알았으나, 비교적 1990년대 초반까지는 이 문제에 대해 체계적인 관심을 거의 두지 않았다. 왜냐하면, 치료자들에게 있어 중대하고 의미심장한 이슈는 외상 생존자들에게 공감적 연결을 유지하는 것이었기 때문이다(Wastell, 2005, 117).

메스트로비치(Mestrovic)는 다음과 같이 주장했다.

> 현재의 서양 사회는 모조된 유사 감정들이 기초가 되는 새로운 단계의 국면으로 들어서고 있는데, 이는 자신, 타인 그리고 전체적으로는 문화 산업에 의한 광범위한 조작 때문이다(Mestrovic, 1997, xi).

> 탈정서 사회(post-emotional society)는 새로운 형태의 속박을 제시하는데, 이 시대는 매우 정교하게 세공된 정서(emotions)의 시대이다. 지성적이고 역학적이며, 대량 생산된 정서들의 새로운 혼합은 세계 무대에서 나타나고 있다(Mestrovic, 1997, 26).

> 탈정서주의(Post-emotionalism)는 정서(감정)는 사라지지 않을 것이라 주장한다. 정서는 이제 자신이나 타인이 조작하기에 적합하도록 하는 유사 지적 현상(quasi-intellectual phenomenon)으로 변형되기 때문이다(Mestrovic, 1997, 38).

결론적으로, 외상으로 이끄는 스트레스는 외상 스트레스이다. 외상 스트레스는 병에 대한 취약성에 영향을 주기 위해 발생하고 전염성 질병에 대한 고조된 민감성을 중재할 수 있는 면역체계와 병의 증상 악화에 영향을 미친다. 외상 스트레스와 면역체계 활동에 대한 조사는 외상 돌봄 분야에서 중요하다. 그 이유는 스트레스 반응과 외상과 관련된 결과들은 신체적 그리고 정신 건강의 중재자일 수 있기 때문이다(Figley, 2002, 108; Schnurr & Green, 2004, 145-146).

그러나 훨씬 더 많은 일상적 상황에서 스트레스의 강도와 그로 인한 병의 심각성 사이에는 직접적 연관성이 있다(Holmes & Rahe, 1967, 213-218). 이 사실은 일반적 접근 부분인데, 즉 스트레스가 병을 낳는다는 것이다(Figley, 1995, 23).

2. 이차적 외상(Secondary Trauma)

이차적 외상의 과정은 일차적 외상(primary trauma)의 과정과 유사하고 현존하는 이론적 모델들은 이 과정을 밝힐 수 있다고 가정하는 것이 타당해 보인다. 임상 연구에서 이차적 외상은 치료자의 기본적 신뢰감의 침해와 관련되는데, 여기에서 치료자의 가정은 약화되고 산산이 부서진다. 그때 일차적(직접) 외상처럼 이차적 외상은 신뢰를 침해하고, 공동체와 연결을 단절하며, 의미를 파괴한다(Figley, 1995, 212).

피글리(1995, 4)의 이차적 외상 스트레스(STS) 이론에 의하면, 외상 희생자들과 직접 상담을 진행하거나 직접적인 노출을 가진 개인들은 외상적 스트레스 증상들과 장애들을 경험하는 일차적 희생자들과 같을 수 있다는 것이다. 사람들은 실제로 신체에 해를 당하거나 피해 위협을 받지 않아도 외상에 노출될 수 있다. 그들은 외상적 사건에 관해 단순히 아는 것만으로도 정신적 외상을 초래할 수 있다. 사람들은 정기적으로 외상에 노출될 때 이차적 외상 스트레스 장애(STSD: 공감적 피로)로 더욱더 고통을 겪을 가능성이 있다(Figley, 2002, 42).

1) 역전이(Countertransference)와 공감적 피로(CF)

프로이트(Freud)가 1910년 발표 논문 "정신분석치료의 미래 전망"(The Future Prospects of Psychoanalytic Therapy, 스트레이치〈Strachey〉에 의해 1959년에 인용된)에서 처음 사용한 "역전이"라는 용어는 '내담자에 대한 상담자(helper)의 정서적 반작용(emotional reaction)'으로 단순하게 정의될 수 있었다. "역전이"에 대한 정확한 정의와 구성 요소들에 대한 지속적인 논의에도 불구하고 역전이에 대한 대부분의 정의는 다음과 같은 양상들을 포함한다.

첫째, 내담자에 대한 상담자의 정서적 반응
둘째, 상담자 자신의 내력(his own history)에 기초한 내담자에 대한 반응
셋째, 상담자 자신의 정동(affects, 주관적 경험, 인지적 요소 그리고 생리적 요소를 포함하는 복합적인 심리 생리학적 상태)에 대한 방어(defenses) 또는 내담자가 가진 요소(client's material)에 의해 일어나는 상담자의 정신 내적 갈등
넷째, 내담자를 지원하면서 상담자의 능력을 지연시키거나 방해하는 어떤 반응
다섯째, 내담자에 대한 상담자의 무의식적인 반응(Figley, 1995, 9)

역전이는 상담자의 증상들을 발생시키는 구조(mechanism)를 설명한다. 역전이는 희생자의 스트레스와 외상에 대한 무의식적 조율과 흡수로 기술된다. 후자 즉 희생자의 스트레스와 외상에 대한 흡수는 몸짓(gestures)과 규정 제정(enactments)같이 흔히 비언어적으로 표현된다. 비언어적으로 표

현되는 이런 몸짓과 규정 제정들은 특별히 정서적 정보가 말로 순조롭게 표현되지 않고 전이되는 매개체들(vehicles)이다. 상담자들은 그들이 가진 현재와 과거의 무의식적 스트레스들과 외상들을 내담자와의 상호작용에 또한 가져온다.

예를 들면, 상담자는 그들의 억압된 외상과 유사한 외상으로 고통받는 내담자들에게 끌릴 수 있다. 내담자가 가진 문제들에 대한 상담자의 무의식적 전이는 나중에 내담자들이 가진 외상들을 더 악화시킬 수 있는 역전이를 일으킬 수도 있다(Figley, 2002, 19-20).

코리(Corey, 2001, 19)는 역전이를 내담자 속에서 상담자 자신을 보는 과정으로, 내담자와 과도한 동일시의 과정으로 그리고 내담자를 통해 상담자의 필요를 충족시키는 과정으로 정의했다. 그러나 과거에 역전이는 환자의 전이, 특히 그 전이가 치료자의 과거 경험과 연관된다면, 그 환자의 전이에 대한 치료자의 의식적, 무의식적 반응으로 단순하게 여겨졌다(Figley, 1995, 9-10).

역전이와 공감적 피로(CF)의 차이는 다음과 같은데, 역전이는 일반적으로 심리 치료 상황 내에서 일어난다는 것이다. 따라서 역전이는 내담자 편에서 일어나는 전이 행동들(transference actions)에 대한 치료자의 반응이다. 그러나 공감적 피로(CF, 이차적 외상 스트레스 장애)는 두 사람 사이, 즉 한 사람은 처음부터 외상에 노출되었고(일차적, 직접 외상), 다른 사람은 일차적 외상 경험을 가진 사람을 돌보다가 그 외상에 영향을 받은(이차적 외상), 두 사람 사이에서 발생하는 돌봄으로부터 파생되는 당연한 결과이다. 이런 부정적인 영향들은 반드시 문제가 되는 것은 아니지만, 외상을 입은 사람을 돌볼 때 발생되는 자연스러운 부산물이다(Figley, 1995, 11).

2) 탈진(Burnout)과 공감적 피로(CF)

프뤼덴버그(Freudenberger, 1974)에 의해 소개되었고, 매슬랙(Maslach, 1976)에 의해 더욱 확장된 개념인 "탈진"(Burnout: BO)은 직업적 스트레스가 있는 개인들이 직면하는 문제들을 묘사하기 위해 널리 사용되어 왔다(Figley, 1995, 11). 탈진은 "정서적 탈진 증후군, 비인격화 그리고 어떤 종류의 일을 하는 개인들 가운데서 발생할 수 있는 저하된 개인적 성취"로 매슬랙(Maslach)과 잭슨(Jackson, 1986, 1)에 의해 기술되었다(Figley, 1995, 11; 2002, 86).

비인격화(depersonalization)에 더해서, 탈진은 고용자(employee)로서 저하된 개인적 성취감, 좌절감과 연관된다(Figley, 1995, 11). 탈진은 일의 목표들을 성취하는 데 있어 동반되는 좌절, 무기력 그리고 무능의 결과이다. 탈진은 수면 장애, 두통, 과민성(irritability) 그리고 공격성뿐만 아니라 심신의 고갈(피로)을 포함한 몇몇 정신생리학적 각성 증상(psychophysiological arousal symptoms)에 의해 특징지워진다.

다른 증상들은 무감각(냉담), 비관주의, 냉소주의, 업무상 관계에서 파생되는 문제들 그리고 근무 실적이 떨어지는 것까지 포함된다. 탈진은 일 스트레스 요인들 자체의 유해한 특성 또는 위계적 압박, 제약 그리고 이해의 부족에서 비롯될 수 있다(Figley, 1995, 11; 2002, 19).

탈진의 한 형태로(Figley, 2002, 5) 공감적 피로(CF)는 정신 건강 전문가들이 외상을 입은 사람들과 직접 접촉함으로써 오는 직무들에 의해 촉발된 이차적 외상과 탈진의 결합이다(Figley, 2002, 124).

공감적 피로(CF)의 두 요소인 이차적 외상과 탈진은 대부분의 정신 건강 보호자들이 자신이 겪는 문제에 도움을 청하는 데 어려움을 겪게 하면서 그들의 직업적 사이클(professional cycle)에 영향을 미친다. 판단, 보복 또는 조롱에 대한 두려움 즉 자기 노출의 두려움, 전능에 대한 환상 그리고 다른 정신 건강 전문가 신뢰 어려움은 침묵 반응과 더불어 자주 그들이 필요로 하는 도움을 청하지 못하게 하는 주요 요인들인 것 같다(Figley, 2002, 125).

탈진과 공감적 피로 구분은 매우 어렵다. 이 두 가지는 고갈(exhaustion)과 과다 노출(over-exposure) 현상과 관련되기 때문이다. 탈진과 공감적 피로는 반작용(reaction)과 태도(attitude)를 언급하지만, 이 둘 사이에는 다른 경향성이 있다.

첫째, 탈진의 경향성은 노출되는 것에서 물러나거나 피하려는 경향을 가진 축적된 스트레스이다(Figley, 1995, 11).

공감적 피로의 경향성은 과도한 자기 동일시(excessive over-identification)이다. 공감적 피로는 과도하게 몰입하고(to over-invest), 서로 얽히고 섞이려고(intertwinement) 애쓰는 경향이 있다.

그러나 탈진과 공감적 피로의 경우, 그 결과는 과도한 스트레스 상태와 상처받기 쉬운 취약성(vulnerability) 상태에 놓이게 된다(Louw, 2007, 116). 사람들은 외상 돌봄에서 더욱더 우울하게 되고 자주 심각한 스트레스에 노출된다. 이것은 캡스(Capps, 1993, 11)가 "삭제된 자아"(depleted self)라고 명명한 결과로 이끈다.

둘째, 탈진의 경향성은 개인의 업무와 관련된 스트레스, 귀찮은 일들과 연관이 있다. 탈진은 누적되고 비교적 예측가능하다. 따라서 휴가나 이직은 큰 도움이 된다.

그러나 공감적 피로(CF)의 경향성은 매우 어렵다. 공감적 피로는 일종의 긴장 상태이며, 개인에 대한 몰두(집착)이다. 또한, 공감적 피로는 외상 사건을 재경험화, 그 외상을 상기시키는 것에 대한 회피/망연자실 그리고 지속적인 회상을 포함해 하나 이상의 방식이 나타난 내담자에 관한, 누적된 외상이다(Figley, 2002, 125).

셋째, 점진적으로 드러나고 정서적 소진의 결과로서 발생하는 탈진 경향성과 달리 공감적 피로(이차적 외상 스트레스 장애)는 경고 없이 갑자기 나타날 수 있다. 공감적 피로 증상들의 더욱 갑작스런 발생에 더해 무기력감, 혼란 그리고 지지자들(supporters)로부터의 고립감이 있다(Figley, 1995, 12).

3) 외상 후 스트레스 장애(Posttraumatic Stress Disorder: PTSD)와 공감적 피로(CF: STSD)

외상 후 스트레스 장애(PTSD)는 희생자의 성격이나 행동에서 장기적 변화를 초래할 수 있다. 이런 변화들은 희생자뿐만 아니라 희생자 가족에게 역시 영향을 미칠 수 있다(Catherall, 2004, 162).

미국정신의학협회의 '진단 장애 매뉴얼'(DSM-IV:정신장애의 진단 및 통계 편람, APA, 1994)은 외상 후 스트레스 장애(PTSD)는 직접(위험한 상황에서) 또는 간접적으로(부모에 대해서는) 외상을 경험했을 때만 가능하다(Figley, 2002, 3)고 언급한다. 외상 후 스트레스 장애(PSTD)의 중요한 특징은 다음과 같은 특징적 증상들의 발달이다.

첫째, 죽음, 실제적 또는 심각한 부상, 신체적 온전함에 관련된 위협들을 개인이 직접 경험한 것

둘째, 다른 사람에 대한 죽음, 부상, 또는 신체적 온전함과 관련된 사건의 목격

셋째, 예상하지 못한 폭력적 죽음이나 심각한 손상(해)에 관해 알게 됨 또는 가족이나 가까운 사람에 의해 경험된 죽음이나 부상에 대한 위협에 대해 아는 것

외상 후 스트레스 장애의 중요한 특징은 이런 세 가지 특징들과 관련된 심각한 이상적 스트레스 요인에 대한 노출이다. 특히 세 번째 특징에서 실제로 신체가 손상되거나 손상에 대한 위협이 없어도 사람들은 외상의 충격을 받을 수 있다는 것을 강조한다(Figley, 1995, 4).

현상적 분류와 관련해, 피글리(1995)는 외상 후 스트레스 장애(PTSD)는 일차적(Primary) 외상 후 스트레스 장애로 불러야 하고, 희생자를 돌봄으로써 상담자들에게서 이차적으로 나타나지만, 외상 후 스트레스 장애와 동일한 증상들은 이차적 외상 스트레스 장애(Secondary Traumatic Stress Disorder: STSD)로 불러야 한다고 주장했다.

외상 후(일차적) 스트레스 장애(PTSD)와 이차적 외상 스트레스 장애(STSD)의 유일한 차이는 이것인데, 이차적 외상 스트레스 장애는 외상적 사건 그 자체라기보다는 외상을 입은 사람(들)에 대한 노출이라는 것이다. 피글리(1995)는 일차적으로 외상을 입은 사람과 깊게 관련된 데서 기인하는, 이와 같은 특수한 이차적 외상 스트레스 장애(STSD)에 대해 특별한 명칭, 즉 공감적 피로(Compassion Fatigue:CF)라는 명칭을 붙였다(Figley, 2002, 19).

결론적으로, 이차적 외상 스트레스 장애(STSD: 공감적 피로)는 다음과 같은 점만 제외하고는 외상 후 스트레스 장애(PTSD)와 거의 동일한 증상이다. 즉, 중요한 타인이 경험한 외상적 사건에 관해 앎으로써 외상에 노출되고, 그 노출은 이차적 외상 스트레스 장애 증상들을 유발한다는 것이다. 반면 외상 후 스트레스 장애 증상들은 일차적 외상 스트레스를 경험하고 있는 사람, 즉 일차적 희생자와 직접 관련이 있다(Figley, 1995, 8).

4) 대리적 외상(Vicarious Traumatization: VT)과 공감적 피로(CF)

대리적 외상(VT)은 내담자의 외상 요소들과 관계된 공감을 통해 상담자의 내적 경험이 부정적으로 변형된 일련의 과정으로서 맥켄(McCann, 1990)과 펄맨(Pearlman, 1990)에 의해 첫 번째로 기술되었다. 즉, 내담자의 성적(性的) 학대 경험들의 생생한 설명 그리고 서로에 대한 또는 사람들의 의도적인 잔인성의 노출을 통해 그리고 치료 관계성에서 외상 재현에 있어 피할 수 없는 참여를 통해 치료자는 대리적 외상 충격의 정서적(emotional), 영적(spiritual) 영향들로 인해 상처 받기 쉽다(Figley, 1995, 151).

대리적 외상(VT)은 외상적 사건들의 이야기들에 대한 관찰 또는 "증인됨"에 의한 이런 외상적 스트레스의 전달 현상들을 또한 묘사하는 것과 관련된 용어이다(Figley, 2002, 124). 내담자의 불가피한 외상적 사건에 대한 그런 투과성(permeability)은 윌슨(Wilson), 린디(Lindy), 라파엘(Raphael, 1994)이 명명한 "공감적 긴장"(empathic strain)이라고 부른 스트레스로 그리고 펄맨(Pearlman)과 사크비트네(Saakvitne, 1995) 의해 "대리적 외상"이라고 불린 외상으로 이끈다. 다른 한편으로 대리적 외상(VT)은 자기 수용력, 신념, 관계성,

세계관 그리고 영성(spirituality)의 붕괴(disruption)를 포함한다(Figley, 2002, 20).

대리적 외상(VT)은 치료자의 의미, 정체성, 세계관 그리고 자신과 다른 사람들에 대한 신념을 감지하는 심오한 변화의 맥락 속에서 이차적 외상 스트레스 장애(공감적 피로)의 징후를 포함한다. 그러나 이 둘 사이에 겹치는 부분이 있지만, 이차적 외상 스트레스(공감적 피로)와 대리적 외상은 초점과 상황을 달리한다(Figley, 1995, 151).

이차적 외상 스트레스 장애(STSD:CF)는 외상 후 스트레스 장애(PTSD)의 진단적 개념에 기초한다. 정신장애의 진단 및 통계편람 제4판(DSM-IV)에서 제시된 외상 후 스트레스 장애(PTSD) 버전과 일치한 이런 개념화는 관찰할 수 있는 증상들에 초점을 두고 있다. 반대로 대리적 외상(VT) 개념은 성격에 관한 특별한 발달적 구성 모델로 추정하는데, 여기에서 관계성, 의미 그리고 적응은 인간 경험의 필수적인 부분을 형성한다.

구성주의 자기 계발이론(Constructivist Self Development Theory:CSDT)은 대리적 외상 구성을 위한 상황을 제공한다(Pearlman & Saakvitne, 1995b). 구성주의 자기 계발이론은 자아(a sense of self)의 점진적 발달과 인생 경험들에 대한 반응의 세계관을 강조한다. 이 이론에 의하면, 외상은 특별한 방식으로 자아와 개인의 세계관을 분열시킨다(Figley, 1995, xx).

이런 두 개념화는 서로 직교하지(orthogonal) 않는다. 즉, 이차적 외상 스트레스 장애(STSD:CF) 접근은 일차적으로 증상들(symptoms)에 초점을 두는 반면, 대리적 외상(VT) 접근은 인간 적응과 의미를 위한 탐구라는 큰 맥락 안에서 관찰 가능한 증상을 나타내는 전체로서의 개인에 초점을 둔다(Figley, 1995, 153).

5) 공감적 피로(CF, STSD)

공감적 피로(Compassion Fatigue)라는 용어를 사용한 첫 연구자는 조인슨(Joinson, 1992, 118-119)인데, 그녀는 탈진(BO)의 한 형태로서 간호사들 안에 있는 공감적 피로(CF)를 기술하면서 사람을 돌보도록 이끄는 동일한 성격적 특성들이 공감적 피로에 있어서 동일한 사람을 위험에 빠뜨린다고 간주했다.

조인슨의 출판 세미나 이후에, 많은 관심이 상담자의 경력 내내 그들에게 영향을 주는 스트레스 요인들에 관한 문헌에 집중돼 왔다(Meyer & Ponton, 2006, 189-201). 탈진, 부양자 스트레스(caregiver stress), 대리적 외상, 역전이, 이차적 외상 스트레스 그리고 공감적 피로(CF), 이 모든 용어는 전문적 도움을 주는 것에 대한 부정적 영향을 기술하도록 사용되어 왔다(Rank, Zaparanick & Gentry, 2009, 39-61).

연구들은 이런 용어들과 구조들 가운데서 공통성과 관련성을 반영한다. 최근 더 주목할 만한 것은 이런 용어들은 공감적 피로(CF)를 편리하게 언급하기 위해 함께 묶어서는 안 된다는 것을 보여 준다(Eastwood 등, 2008, 103-122)는 것이다.

피글리(1995)는 공감적 피로(CF)는 일종의 긴장 상태 그리고 외상을 입은 내담자에 대한 몰두로서, 정신 건강 전문가가 외상 사건들을 재경험, 외상을 상기시키는 것에 대한 회피 그리고 내담자와 연합된 지속적인 불안이라고 기술했다.

랭크(Rank) 등(2009)은 고통받는 정신 건강 전문가의 삶 속에 존재하는 일차적 외상 스트레스, 이차적 외상 스트레스 그리고 탈진 징후들 가운데서 상호작용 또는 동반 상승효과를 가지는 공감적 피로(CF)에 대해 더 광범위하게 기술하는 피글리의 정의를 어떻게 저자들이 추가했는지를 논의했다.

알케마(Alkema) 등(2008)은 고통을 해소하고 싶은 바람과 함께 다른 사람의 고통을 돕는 전문가들 가운데 있는 깊은 감각 또는 앎의 질 그리고 자각으로서 공감적 피로(CF)를 언급했다.

호프만(Hoffman, 2009)은 진정한 이해, 공감 그리고 지원을 느끼거나 전할 수 없는 능력 또는 감소한 능력으로서 공감적 피로(CF)를 정의했다.

알케마(Alkema) 등(2008)은 극심한 정서적 고통이 수반되는 심한 신체적, 정서적 그리고 영적 고갈로서 공감적 피로(CF)를 추가로 더 설명했다.

랭크(Rank) 등(2009)은 내적 정서 자원들의 고갈 결과 상태로서 공감적 피로(CF)를 기술했다. 공감적 피로(CF)는 다른 사람들의 고통에 대해 오랜 기간 노출된 산물로서 그리고 다른 사람들이 경험한 외상적 사건들의 설명을 들음으로 생성되는 자연스러운 결과물이다. 그리고 여기에는 어떤 정서적 지원도 없고 다만 빈약한 자기 돌봄만 있을 뿐이다.

공감적 피로(CF)의 증상들은 잠자기 어려움, 증가한 놀람 반응(startle response), 외상을 상기시키는 장소나 물건, 대상(reminders) 회피, 다루기 어려운 생각 그리고 외상 사건의 이미지들 또한 우울 기분 또는 불안한 기분 등을 포함한다. 공감적 피로(CF)의 증상들은 급작스럽게 발현될 수 있으며, 이 증상들은 외상에 장기적 노출로 인해 발생할 수 있다. 그리고 이 증상들은 전문 상담 종사자들을 돕는 분야에서 구체적으로 나타난다(Alkema 등 2008; Julie, , 2011, 21).

(1) 공감 스트레스(Compassion Stress: CS): 이차적 외상 스트레스(Secondary Traumatic Stress: STS)

피글리(1995, xiv, 7, 53)는 중요한 타인에 의해 경험된 외상 사건에 관해 아는 것으로부터 일어나는 자연스러운 행동들과 정서로서 공감 스트레스를 정의한다. 즉 외상을 입은 사람을 도와주거나 도와주기를 원함으로 유발된 스트레스를 말한다(Bride 등 2004; Kanter, 2007).

외상 돌봄에서 공감 능력은 정신 건강 종사자들에게는 중요한 것이다. 공감 능력은 다른 사람들의 고통을 알아채는 능력으로 규정된다. 공감 능력은 사람들을 도와주는 역할, 특히 정신 건강 보호자, 사회복지사, 상담가 또는 다른 종류의 전문 조력자(도우미)로서의 역할을 선택하도록 이끄는 특징이 있다. 결국, 이 능력은 고통받는 사람에게 노출됨으로써 그 사람의 감정들을 경험하는 것으로서 정의되는 정서 전염에 대한 개인의 민감성과 관련이 있다.

공감 능력은 "공감 관심" 그리고 행동에 대한 동기부여와도 연결된다. 공감 능력과 정서 전염, 이 두 가지 요소는 사람이 희생자의 고통을 감소시키기 위한 노력의 정도를 설명한다. 이 노력은 "감정이입"(empathy response)이다(Filey, 1995, 252).

가장 능률적인 치료자들이 이런 희생자의 고통 반영(mirroring) 또는 전염 효과(contagion effect)에 가장 취약하다(vulnerable)는 것이다. 희생자에 대한 정서적 표현 공감을 나타내는 데 탁월한 능력을 갖춘 치료자들은 공감 스트레스(compassion stress, 이차적 외상 스트레스) 위험에 더욱더 노출되는 경향이 있다(Figley, 1995, 1).

피글리(2002, 19)는 공감 스트레스를 기술했는데, 여기서 치료자들은 외상 사건들에 관해 알고, 그것으로 인해 영향을 받지만, 이것만으로는 이차적 외상 스트레스 장애(STSD, 공감적 피로)에 이르지는 않는다고 말한다(Figley, 2002, 19).

공감 스트레스(이차적 외상 스트레스)는 구조 돌봄(Rescue-Caretaking)의 실패적, 부적응적, 심리적 그리고 사회적 스트레스 반응으로 보인다. 공감 스트레스(CS)는 특정한 부정적, 심리사회적 피드백 판단들에 의해 그리고 치료자의 서툰 역할, 실패한 기대 그리고 실존적 결점들에 의해 악화될 수 있다. 희생자들이 구조받지 못하고 적절한 돌봄을 받지 못하는 외상적 상황에서 치료자가 느끼는 무능력과 죄책감은 이차적 외상 스트레스(STS)로 이어지며, 이 이차적 외상 스트레스를 치료자 자신이 적절히 다루지 못할 때, 이차적 외상 스트레스는 공감적 피로로 이어질 수 있다.

공감 스트레스는 부적응적 공감 압박을 포함하지만, 여기에 더해 상해 또는 죽음에 대한 원인이 있을지라도 이것을 막지 못했다는 의미와 관련된 심한 고뇌와 극심한 죄책감을 포함한다. 고통이나 죽음을 피할 만큼 충분히 도와주지 못했다는 고통과 외상은 치료자에게 있어 흔한 이차적 외상 스트레스와 이차적 외상 반응이다(Figley, 2002, 26).

결론적으로, 공감 스트레스(이차적 외상 스트레스)는 희생자 생존전략들(victim survivor strategies)을 찾고 보완함을 통해 치료자들 안에서 끌어낼 수 있다. 만일 희생자와 동질감이 너무 강하거나, 생존전략들이 부적절하거나 치료자 자신의 생존전략들을 적절히 실행하지 못할 때 공감적 피로(CF)는 일어날 수 있다.

(2) 공감 만족(Compassion Satisfaction)

이 연구에서 제기된 가장 흥미로운 질문 중 하나는 치료자는 공감적 피로를 경험할 위험성이 높지만, 동시에 여전히 높은 공감 만족을 경험하는가 아닌가에 관한 것이다(Figley, 2002, 13).

정신 건강 관리자들은 자신에게 공감적 피로(CF)가 있다고 믿지만, 그들 중 많은 치료자가 공감적 피로에서 나오는 긍정적 혜택을 느끼기 때문에 그들의 일을 좋아한다고 피그리(Figley, 2002, 13)는 주장한다. 그들은 자신이 하는 일은 사람들을 도와주는 일이며, 어떤 면에서는 심지어 구원하는 일이라고 믿는다. 명백하게 그들은 이 일이 옳은 일이라고 믿는다. 이와 같은 상황에서 신념(믿음) 체계(belief system)는 잘 유지되고 있고, 아마도 치료자의 회복력은 향상될 것이다.

목회 돌봄과 목회 상담에서 정신 건강 관리자로서 목사의 "공감 만족"(Compassion Satisfaction)은 돌봄에서 나오는 칭찬, 신용 또는 긍정적 "보상"(payments)이라는 배경과 대조적으로 외상 돌봄에 있어서 부정적인 "돌봄 비용(희생)"을 이해하기 위한 도전과 성숙이다(Louw, 2008, 136).

결론적으로, 공감 스트레스를 거의 경험하지 않았지만 거대한 정서적 전염에 노출되거나 외상 돌봄에서 상당한 공감 능력과 공감 관심을 가진 사람들은 공감 만족을 발견한다. 왜냐하면, 그들은 고통을 경감시킬 수 있거나 외상 희생자의 어려움에 동화되는 것을 피할 수 있다고 믿기 때문이다. 이렇게 그들은 성취감을 가지고 있다. 외상 중에 있는 희생자들의 고통을 감소시키는 이런 성취감은 공감 만족을 구성한다(Figley, 1995, 253).

(3) 공감적 피로(CF)와 공감적 피로의 영적 충격

공감적 피로(Compassion Fatigue:CF, 이차적 외상 스트레스 장애:Secondary Traumatic Stress Disorder:STSD)의 개념은 조인슨(Joinson)이 간호잡지에서 이 단어를 사용한 1992년 그 이후로 일어난 개념이다(Figley, 2002, 1).

피글리(Figley, 1995, 15)는 공감 스트레스와 공감적 피로가 간호사들(조인슨은 1992년에 간호사들 사이에서 발생하는 탈진(burnout)에 대해 논의하는 가운데 이 용어를 처음으로 사용했다), 응급(긴급) 구조원들, 의무를 이행하면서 이차적 외상 스트레스(STS)와 이차적 외상 스트레스 장애(STSD)를 경험하는 전문인들에 의해 선호된 용어란 사실을 발견했다.

따라서 이차적 외상 스트레스(STS)와 이차적 외상 스트레스 장애(STSD) 그리고 공감적 피로(CF)를 가지고 불편함을 느끼는 사람들에 의해 이 용어들은 서로 교환적으로 사용되어 왔다(Figley, 1995, 15).

공감적 피로(CF)는 이차적 외상 스트레스 장애로서 외상학 분야에서 알려진 개념과 관련되어 있다. 피글리는 이 현상의 대부분은 흔히 정서적 고통을 겪고 있는 사람들에 대한 "돌봄의 비용(희생)"과 관련되어 있다고 언급했다(Figley, 2002, 2).

비록 공감적 피로(CF)에 대한 개념이 정교한 이론적 맥락으로 둘러싸여 있다 할지라도 내담자-치료자 치료과정에서 모든 다른 개념들과 공감적 피로 개념 간의 차이를 평가하거나 구분한다는 것은 어려운 일이다(Figley, 2002, 3). 피글리(1995, 7)는 이차적 외상 스트레스(STS) 또는 공감적 피로(CF)를 "중요한 타인이 경험하는 외상적 사건에 관해 앎으로써 기인되는 당연한 결과적 행동과 정서로서 외상이 있거나 고통을 받는 사람을 돕고 있거나 돕기를 원하는 것으로부터 발생하는 공감 스트레스라고 정의했다."

이 연구의 초기에 로우가 지적했듯이, 심리 상담 그리고 목회 돌봄(상담)에서 공감적 피로(CF)의 독특한 요소들이 있는데 이 요소들은 추가적인 고려와 민감성을 요구한다. 공감적 피로의 일차적 범주들은 다음과 같이 기술된다.

첫째, 강박적 사고, 이미지 그리고 기분
둘째, 외상적 경험의 기억을 불러일으키는 사람, 장소, 사물 그리고 경험 회피
셋째, 과각성(hypervigilance: 과도한, 지나친 각성), 수면 장애, 과민성(흥분성) 그리고 불안 형태로의 부정적 환기(각성) (Figley, 2002).
넷째, 영적인 영역에서 즉 절대자에 대한 영역에서의 부적당한 태도(attitude)와 적성(aptitude, 경향) (Louw, 2005, 112).

정신 건강 보호자로서 목사가 목회 돌봄에서 공감적 피로(이차적 외상 스트레스 장애)의 영적 충격을 평가하고 이해하는 것은 여기에서 중요하다. 공감적 피로의 영적 충격은 목사의 삶 속에서 다음과 같은 지속적이고 가장 파괴적인 영향을 가지기 때문이다.

첫째, 공감적 피로의 영적 충격은 사람의 존재 핵심, 즉 하나님과의 관계 그리고 자기 자신과의 관계를 공격한다. 인생의 의미와 목적은 모호해지고 혼동되거나 잃어버리게 된다. 자연, 신비, 사랑, 사람 그리고 초월자와 관계 맺는 능력은 파열되고, 그런 망가짐의 영향들은 수면위로 드러나게 된다(Dalene, 2002, 8-9).

둘째, 공감적 피로(CF)의 영적 충격은 하나님의 대리자로서의 목회자 역할 정체성, 목회자 역할 기능 그리고 소명에 대한 이해를 공격한다(Borchert & Lester, 1985, 12). 목회자 역할 기능을 함에 있어 영적 가이드가 된다는 것은 기교(테크닉), 예를 들면, 목회 상담의 테크닉(기술)을 배우는 것과 관련된 것이 아니라, 하나님의 사랑의 불로 정화되고 하나님의 은혜로 말미암아 내부로부터 변화되는, 즉 하나님이 당신을 목회자로 설득하시는 대가를 지불하시는 것과 관련이 있다.

하나님의 은혜는 죄인을 향한 하나님의 과분한 온화함(God's undeserved gentleness)을 의미하지만, 이 은혜는 또한 죄인의 삶을 변화시키시는 능력과 변화시키시는 하나님의 실재(God's transforming presence)를 의미한다((Borchert & Lester, 1985, 27-28).

다시 말하면 하나님 은혜는 "값없이 베푸시는 하나님의 사랑이고 세상 안에서 자유롭게 하는 하나님의 임재"다. 이 하나님의 은혜는 영혼 문제에만 국한되는 것이 아니라 전 역사와 전 세상에 구현되는 것이라면, 우리가 우리의 역사적 정황 안에서 하나님을 만나는 일은 당연하다. 하나님의 은혜는 인간의 고통이나 정의를 위한 싸움과 괴리된 말씀이나 성례전 안에서가 아니라, 루터의 표현처럼, 인간의 고통이나 정의를 위한 투쟁 "안에서(in), 더불어(with) 그리고 아래에서(under)" 체험된다(존. W. 드그루시, 2008, 230-231).

셋째, 공감적 피로(CF)의 영적 충격은 또한 믿음의 위기를 조성한다(신정론 문제). 외상의 희생자들(외상 후 스트레스 장애 또는 이차적 외상 스트레스 장애)은 그들이 행한 어떤 것에 대해 하나님이 자신들에게 벌을 내리셨다고 느끼는 것은 이상한 일이 아니다. 고통의 근원으로서의 하나님을 비난한다는 것은 삶에 있어 참된 의미를 찾는 종교적 정체성을 가지고 있지 않았다는 증거일 뿐만 아니라 신앙의 기복적, 관습적, 인위적 전통에 바탕을 두었다는 증거이다(Dalene, 2002, 31).

넷째, 공감적 피로(CF)의 영적 충격은 영적 건강을 해치는데 이는 자기이해와 다른 하나님 이미지 사이의 상관성 때문이다(Louw, 2005, 112). 영적 건강은 신앙 안에 있는 개인 성숙의 질과 특성을 말하는데, 영적 건강의 질은 개인의 하나님에 대한 이해에 따라 결정된다.

하나님 이미지는 성숙한 신앙의 건강한 기능에 있어 결정적인 역할을 한다. 공감적 피로의 영적 건강과 병듦에 관한 목회적 평가에 있어서 하나님 이미지는 옳고 그른(correct or incorrect) 하나님 이미지 또는 좋거나 나쁜(good or bad) 하나님 이미지에 관한 개념이 아니다.

이것은 의미와 품격에 대한 우리 인간의 추구와 관련해 영적 그리고 삶의 문제들에 있어 하나님 이미지에 대한 개념들이 적절한지 또는 부적절한지(appropriate or inappropriate)의 질문에 관한 것이다. 부적절한 하나님 이미지들(inappropriate God-images)은 병리(pathology)와 "영적 병듦"으로 이끌수 있다(Louw, 2008, 92). 내담자가 가지고 있는 하나님 이미지들을 확인하고 진단하는 것은 공감적 피로의 외상 돌봄에서 필요하다. 그러나 외상 돌봄에서 하나님 이미지들은 복잡한 문제인데, 문화적 개념, 교회 신앙고백 그리고 신조가 핵심 역할을 하고 있기 때문이다(Louw, 2000a, 48).

결론적으로, 공감적 피로의 문제들은 사람들이 서로 돌보고 있는 동안 존재해 왔을지라도, 공감적 피로는 심리 상담 또는 목회 상담 분야에서 비교적 최근에 등장한 개념이다. 이 분야의 연구 결과들은 다음과 같이 주장한다.

공감적 피로는 심리 상담 또는 목회 상담 분야에서 잠재적으로 상담 역량이 감소할 수 있는 결과를 초래하는 매우 실질적인 문제이다(Figley, 2002, 126).

공감적 피로를 대처하기 위한 자기 치료와 개인 치료는 병리학 그 자체의 징후가 된다(Louw, 2008, 136).

3. 영적 성숙(Spiritual Maturity)

성숙은 심리학적, 신학적 요소들을 모두 포함하고 있는 포괄적인 개념이지만, 영적 성숙의 개념은 심리학보다 기독교 신앙에 더 근본적이다.

베너(Benner, 1988, 104)는 자기 초월과 포기에 대한 깊고 신비로운 인간의 갈망에 대한 반응으로서 영성(spirituality)을 기술하고, 기독교 영성은 삶의 모든 부분(all of life)에 관계하고 영향을 미친다고 주장한다. 따라서 영성은 또한 심리적 기능에 영향을 미친다.

베너(Benner)는 다음과 같은 가설을 세웠다.

> 심리적-영적 성숙(psycho-spiritual maturity)은 인격의 기본적인 심리학적 측면(공생 의존성, 자기 분화, 관계, 개별화, 자기 초월, 인격의 통합)과 영적 측면(기본 신뢰 발달, 자기 초월에 대한 소명 의식, 그 소명을 하나님으로부터 받은 것으로 인정하는 신적 소명 인식, 자신의 죄성에 대한 부족함 인식, 하나님의 용서를 받기, 죄로부터 혁신적인 자유, 성령의 열매의 점진적인 증거, 하나님과 깊은 친밀감), 이 두 가지 측면 모두 성숙과 관련된다(Benner, 1998, 127).

비록 심리학적 그리고 신학적 요소들이 밀접하게 관련되고, 각 요소가 서로 상호적으로 영향을 준다고 할지라도, 성숙한 신앙은 심리적 성숙으로 이해된다는 독특한 특성을 가진다.

진정한 기독교 영성(true christian spirituality)은 하나님과 연합함으로 살아가는 인간의 삶 그리고 인간관계에서의 경험과 관련이 있다. 리차드(Richards, 1998, 192)는 외부적 차원(사회적, 공적 배경)에서뿐만 아니라, 내부적, 개인적 차원에서 영성을 본다.

성숙한 신앙(영적 성숙)은 성숙에 대한 일반적인 심리학적 이해의 특성들을 포함하고 반영할 것이 필연적이기는 하지만, 이 둘은 유사하지 않다. 성숙에 대한 심리학적 이해는 신앙의 발달에 영향을 미치고 자극해야 한다. 결국, 성숙한 신앙은 성숙에 대한 심리학적 이해의 질을 높여야 한다. 이렇게 영적 성숙은 독특한 특징(unique quality)을 지닌다. 그런데도, 연구자는 "신앙의 성숙"(maturity in faith) 또는 "성숙한 신앙"(mature faith)의 개념을 선택한다(Louw, 1998, 185-186).

로우(Louw, 1998, 194)는 기독교 영성(Christian spirituality)을 다음과 같이 정의했다.

첫째, 신앙심(godliness)으로서 영성은 하나님에 대한 순종에 바탕을 둔 하나님에 대한 실존적 지식을 의미한다.

둘째, 영성은 종말론적 차원을 가진다. 종말론적 차원은 구원의 진리와 일상의 삶 사이의 긴장(이미와 아직 사이의 긴장) 안에서 그 기능을 한다.

셋째, 영성은 기독 신앙의 윤리적 차원과 연결되며, 우리의 일상적 삶에 영향을 미치는 변화된 삶의 방식(새로운 기풍)을 의미한다.

넷째, 경건으로서의 영성은 정서적 경험들에 대한 단순한 정신적 사건이 아니다. 다른 말로 하면 경건으로서의 영성은 '종교적 정서'와 관련이 있는데, 이런 정서는 자연적인 감정을 말하는 것이 아니라 성령의 역사를 말한다.

영성은 주관성(subjectivity)과 관련되고, 기독 신앙의 실존적이고 인간적 차원에 영향을 미친다. 기본적으로 영성은 살아 있는 신앙의 전형(exponent, 지수)으로서 해석되어야 한다.

결론적으로, "성숙한 신앙"(영적 성숙) 개념은 윤리적으로 중립적이지 않다. 신학적 개념으로서 "영적 성숙"은 다음과 같이 구성된다. 즉 믿음으로 사람들과의 화해의 통합뿐 아니라 하나님에 대한 이해의 질, 인간 행동에 대한 구원의 윤리적 결과들, 성취된 성경의 약속들에 의한 종말론적 구원의 실제에 성도의 삶이 효과적으로 집중하는 것이다.

영적 성숙은 신자들의 교제 안에서 신앙 성장 과정을 보여 주며 믿음과 행동 사이의 일치에 관한 최고 척도를 제시한다(Louw, 1998, 468). 바른 믿음과 바른 행함은 서로를 필요로 하고 서로를 증명한다. 믿음은 예수 그리스도 안에서 계시된 '하나님 나라'의 임함을 고대하는 소망 중에 그 효력을 미치고 견인케 한다. 따라서 믿음은 개인적, 사회적 변혁을 위한 복음주의적, 선지자적 투쟁을 통해 자신을 표현한다.

왜냐하면, 신자는 전체 피조물이 죄와 압제의 속박에서 은혜로 자유롭게 되어 예수 그리스도 안에서 하나님의 영광을 위해 성령을 통해 온전한 삶으로 회복될 수 있도록, 다른 사람들과 경쟁을 통해서가 아니라 협력을 통해 하나님의 구속 사역을 위해 믿음으로 응답하고 소망과 사랑으로 역사하기 위해 부름을 받은 자들이기 때문이다(존. W. 드그루시, 2008, 125, 341).

4. 하나님 이미지(God-Image, 상)

이 연구는 정신 건강 보호자로서 주로 목사가 가진 하나님 이미지에 초점을 맞췄기 때문에, 우리는 "하나님 이미지"와 이 하나님 이미지가 가진 의미에 관한 이 연구의 사용에 관해 언급할 필요가 있다.

일반적으로 우리는 "하나님 이미지"(God-image)와 "하나님 개념"(God-concept)을 구별할 수 있다. 하나님 개념(God-concept)이 지성적, 심리적 사전 정의를 말하며, 하나님에 대한 교의적(dogmatic) 해석을 말하는 반면, 하나님 이미지(God-image)는 하나님에 관한 개인적 인식 과 경험을 말한다(Lawrence, 1997, 214).

그러나 로우(Louw, 1998, 329)에 의하면 하나님 이미지와 하나님 개념(인식) 사이를 구분하기는 쉽지 않은데, 그 이유는 인지적, 정서적 요소들이 전후 상황과 관련해 매우 결정적인 역할을 하기 때문이다.

그러므로 로우(Louw)의 견해에 따라 이 연구에서는 하나님 이미지(God-image)란 용어를 주로 쓰겠지만, 어떤 구별 없이 두 용어 모두 채택한다.

제3장

공감적 피로(CF) 현상에 대한 목회 전략상 예방
(Prevention within a Pastoral Strategy to the Phenomenon of Compassion Fatigue)

1. 공감적 피로의 생존전략(Survival Strategy)

공감적 피로 현상은 상담가의 심각한 직업상 위험이다(Figley, 1995, 2002). 피글리는 다음과 같은 사실을 시사하고 있는데, 공감적 피로의 위험에 관해 그리고 상담가들은 다른 사람들을 돌보는 이런 직업적 위험에서 자신을 보호할 수 있는 전략들에 관해 교육을 받을 필요가 절실하다는 것이다.

공감적 피로의 증상에 무기력감, 고립 그리고 혼란이 포함될 수 있는데, 상담가가 실제 사건과 단절되어 있더라도 이런 증상들을 경험할 수 있다. 전문 상담가들에게 있어 중요한 핵심은 이것이다. 즉, 방치된 공감적 피로는 바람직하지 않은 결과로 이끌 수 있는 위험이 있다(예를 들어 그 방면에서 성숙하지 못한 존재)는 것이다.

올바른 임상적 결정(clinical decision)을 내리지 못하는 전문 상담가가 내담자에게 가한 해악(harm)이 가장 큰 위험일 텐데, 이는 전문 상담가가 공감적 피로에 의해 받은 충격을 인식하지 못하기 때문이다(Alerma 등, 2008, 101-

119; Eastwood & Ecklund, 2008, 103-112).

공감적 피로에 관한 수많은 연구 간행물은 다음과 같은 사실을 보여준다.

> 전문 상담가들은 부정적인 심리적, 생리학적 결과들에 나날이 직면하는데, 이런 부정적인 결과들은 그들이 내담자에게 공감을 적용함으로 매일 생성되는 부산물들이며, 그들이 내담자에게 주는 지지의 결과이다(Rank 등, 2009, 41).

공감적 피로를 경험하는 전문 상담가는 세계와 자신에 대한 인식의 변화 그리고 자기 자신의 취약성 증가를 느낄 수 있다. 공감적 피로는 상담자의 안전감, 신뢰감, 자아 존중감, 통제감 그리고 중요한 다른 사람들과의 관계성을 붕괴시킬 수 있다(Van Hook & Rothenberg, 2009, 39). 공감적 피로는 시간에 따른 누적된 스트레스의 산물로서 서서히 악화하는 복잡한 증상인데, 상담자가 스트레스 증상들을 무시할 때, 그리고 자기 자신의 정서에 주의를 기울이지 않을 때 흔히 나타난다(Bush, 2009, 25).

생존전략들은 또한 외상과 질병의 요소들인 만큼, 외상의 본질과 특정 질병의 증상들에 대한 몇몇 이유를 설명하는 데 도움을 준다. 즉, 생존전략들은 "스트레스는 질병으로 이끈다는 패러다임"(the stress-leads-illness paradigm)을 이해하는 데 유용하다(Figley, 1995, 42). 생존전략들은 공감 스트레스(STS, 이차적 외상 스트레스)에 대한 생리적, 심리적, 사회적 그리고 영적 반응들에 대한 의미를 조사하는 데 새로운 장을 열었다(Figley, 1995, 44; Louw, 2000a, 196).

이런 생존전략들은 돌봄의 책임을 지는 재난 종사자들 그리고 의료, 정신 건강 전문가들 안에서 흔히들 발생한다. 돌봄 종사자들은 적절하지 않은 생존전략들로 대응할 수 있다. 예를 들면, 그들은 희생자의 분노에 직면해 퇴각(도주)할 수도 있고, 그들 자신의 죄책감 때문에 너무 많은 신경을 쓸 수도 있다(Figley, 1995, 45).

생존전략의 적응 상태(adaptive mode)는 배려, 공감, 헌신 그리고 책임의 감정들과 연결된다. 책임감이 너무 커서 돌봄 종사자들이 대처하지 못할 때, 도움이 필요한 사람을 향해 적의감을 가지거나 혹사당한 자신의 자원의 고갈을 경험한 결과 원치 않는 부담감을 무시하거나 심지어 거부감을 가진다.

이타주의(altruism)는 자기 관심(self-concern)으로 변하고, 그때 외상 상태에서 실패한 생존전략은 생명을 구하지 못했다는 또는 어쩌면 죽음에 이르게 했다는 괴로움과 죄책감까지 가지게 한다(Figley, 1995, 32-33).

정신 건강 관리자들이 그들의 생존전략을 적당하게 실행할 수 없을 때, 성공하지 못한 그들의 부적응적 생존전략들(예를 들면, 그들의 외상 스트레스 반응들)은 이차적 외상 스트레스 장애(STS, 공감적 피로)로 악화할 수 있다(Figley, 1995, 45).

이차적 외상 스트레스 장애(공감적 피로)는 희생자의 부적응적, 외상적 반응에 대한 강한 동질화를 통해 발달할 수 있고, 정신 건강 관리자의 다양한 부적절한 전략들의 강렬한 유도를 통해서도 또한 발달한다. 정신 건강 종사자들과 관련된 부적응적 생존전략들은 도움을 주는 사람들(helpers)로서 일차적으로 외상을 입을 희생자와 같은 방식으로 영향을 받을 수 있고, 삼차적 희생자들(tertiary victims)이 된다.

외상 돌봄에서 발렌트(Valent, 1984)와 목회 돌봄에서 로우(Louw, 2000)는 다양한 외상 스트레스(고통) 반응들은 다른 외상적 상황들을 다루기 위해 발전된 이차적 외상 스트레스 장애(STSD, 공감적 피로)의 다양한 생존전략들과 대응한다고 말한다.

1) 발렌트(Valent)의 공감적 피로에 대한 여덟 가지 생존전략

폴 발렌트(Paul Valent)는 외상 스트레스 반응들의 다양성이 서로 다른 외상 상황에 대처하도록 진화한 생존전략들의 다양성과 일치한다고 말한다. 그는 생물학적, 심리학적, 사회적 측면에서 묘사된 여덟 가지 생존전략을 제시한다. 표 1에 제시된 발렌트의 모델은 다음과 같은 여덟 가지 생존전략을 중심으로 구성된다.

① 구조(rescue)
② 애착(attachment)
③ 자기 주장(assertiveness)
④ 적응(adaptation)
⑤ 투쟁(fight)
⑥ 도피(flight)
⑦ 경쟁(competition)
⑧ 협력(cooperation)

발렌트에 따르면, 생존전략들에는 정서들을 분류하고 그들이 원래 가지고 있던 외상적 배경들에 대한 반응들을 역추적하는 것과 같은 다른 임상적 응용이 있다. 이차적 외상 스트레스(STS) 반응은 피해자, 생존자 전략들과 동일시하고 보완하는 것을 통해 정신 건강 관리자들에게서 도출될 수 있다. 더욱이, 만약 동질화(identification)가 너무 강렬하고, 보완적 생존전략들이 부적절하거나 정신 건강 관리자들이 자신의 생존전략을 적응적으로 실행할 수 없는 경우, 이차적 외상 스트레스 장애(STSD)가 발생할 수 있다고 발렌트는 주장한다(Figley, 1995, xvii, 21, 표 1 '생존전략 요소들'을 보라).

발렌트는 정신외상학(psychotraumatology) 분야의 중요한 문제에 대한 해결책으로 심리학적, 사회적, 생물학적 관점에서 이런 스트레스 요인에 대처하는 방법과 스트레스의 다양한 원천을 수용할 수 있는 프레임워크의 필요성을 제안한다.

생존수단 평가	생존전략	성공적/적응 반응들			성공하지 못한/부적응 반응들			외상 반응들
		생물학적	심리학적	사회적	생물학적	심리학적	사회적	
타인을 구해야 한다	구조: 보호 제공	↑Estrogen ↑Oxytocin ↑Opiates	돌봄 공감 헌신	책임 양육 이타 주의	동정어린 & 부교감 활성	분함 고갈 병적 자기 관심	부담 방치 거절	비통함 생존자 죄책감 죽음 초래
타인에 의해 구조 받아야 한다	애착: 보호받음 제공받음	? ↑Opioids	갈망 필요 만족	손내 밀다 부르 짖음 연합	↓Opioids	포기 박탈 혼자임	의존 요구 분리	두려움 쫓아냄 죽기 까지 남겨짐

목표를 달성해야 한다	자기 주장 전투적 작업	↑E, NE ↓Cortisol ↑면역	힘 높은 사기 능력	의지 성공 통제	↑↑E,NE E,NE고갈 ↑BP, ?CHD	좌절, 사기 저하 무기력	고의적 실패 통제 상실	"탈진", "학습된 무력감"
목표를 포기해야 한다	적응: 수용 슬퍼함	↑부교감 상승 ↑코티솔	수용 애도 희망	유연함 손실 새로운 변화 주다	↑코티솔 ↓면역 ↑간염 ↑CA	무력함 우울함 절망	압도된 물러나기 굴복된	상처 입기 쉬운 포기된 굴복된
위험을 제거해야 한다	투쟁: 방어 제거	공감상승 ↑NE, E ↑BP	위협 설욕 겁을 줌	저지 상처 입음 제거	↑↑ 공감 상승 ↓코티솔	증오 학대 파괴적	공격 박멸 파괴	공포 악 살해
위험에서 벗어나야 한다	도피: 후퇴 몸 사림	공감 & 부교감 상승	두려움 공포 구조	숨기 도피 달아남	NE고갈 ↑E & 코티솔	공포증 피해망상 빠져 듦	회피 공황 전멸	"피할 수 없는 충격" 쫓기는 피살당한
부족한 필수품을 얻어야 한다	경쟁: 싸움 획득	↑Testosteone 부교감 상승	승리 소유 힘 (파워)	지배, 특권, 획득 하다	↓Testosteone ↓여성 호르몬 ↑코티솔	패배 탐욕 시기 진압된	굴복 약탈 당한 공허한	억압 소외함 제거
더 많은 필수품을 만들어야 한다	협력: 신뢰 상호이익	↑Opiates ↓BP,E,NE	상호의존 너그러움 창조성	상호 이익 나눔 통합	↓Opiates ?↑부교감 상승	공격성 학대받는 침체	달램 속음 분열	정신 착란 분열 붕괴

〈표1 생존전략 요소들〉

2) 로우(Louw)의 고통과 공감적 피로에서 생존하기 위한 네 가지 건설적 전략

(1) 고통에 반응

로우(Louw, 2000, 194-198)에 의하면, 사람들은 고통을 부정(영웅적인), 항복(비극적인), 무관심(극기주의), 도피(병적인), 내면화와 수용의 방식으로 다룬다고 말한다.

① 부정(Denial, 영웅적⟨heroic⟩)

희생자들(supplicants)은 흔히 고통에 저항하거나 그 고통을 불공평한 힘으로 또는 운명으로 간주한다. 그런 사람들은 질병을 거부하거나 그 질병의 명백한 증상에도 불구하고 영웅적으로 건강한 측면에만 매달린다. 환자들은 흔히 그들의 질병을 극복함으로써 그들의 영웅심을 증명하려고 시도한다. 질병을 부정하는 능력은 개인이 힘을 가지고 있다는 가장 큰 증거로 여겨진다.

이런 접근에서 자기 학대(masochism)는 내재한 위험이다. 고통과의 투쟁은 자신의 힘을 입증하려는 시도가 된다. 질병(illness)은 영웅주의를 드러내기 위한 필요조건, 심지어 스스로 자초한 순교(self-imposed martyrdom)와 자기 징계(self-castigation)로 고려될 수 있다.

② 항복(Capitulation, 비극적⟨tragic⟩)

고통은 체념 외에는 다른 선택이 없는 무력한(helpless) 희생자에게 닥친 뒤틀린 비극적 운명으로 간주된다. 체념(resignation)은 이렇게 자신의 고통을 능동적으로 통합하려는 어떤 시도 없이 고통이 자신을 압도하도록 수동적으로 허용하는 것을 의미한다. 그때 고통은 하나님의 뜻으로 해석되며, 그는 마음속 깊은 곳에서 하나님을 폭군으로 경험하고, 하나님을 부당하고 불공평한 분으로 비난한다.

희생자는 비극적 태도로 병에 굴복하고, 인간 실존은 필연적으로 실패로 운명 지어진 과정으로 간주한다. 이렇게 고통을 통합하거나 고통 속에 있는 의미를 찾으려는 모든 가능성을 잃어버린다. 고통에 대한 영웅주의적 해석이 개인의 힘을 증명하려는 시도인 반면, 비극적 해석은 개인적 실패와 인간 실존의 허무를 드러낸다.

자기 학대(masochism)는 또한 비극적 반응 속에 잠재되어 있다. 환자들이 그들 자신을 운명의 희생자들로 간주하고 개인적 죄책감을 깨달을 때, 그들은 자기 징계(self-castigation)와 자기 연민(self-pity)에 항복하게 된다.

③ 무관심(Apathy, 극기주의〈stoicism〉)

사람들은 병중에 어떤 감정이라도 드러내는 것을 거부할 수 있다. 대신에 그들은 고통을 중요하지 않은 것으로 축소하고, 그들의 존재를 건드리거나 영향을 미치지도 않는 것으로 간주함으로 질병과의 거리 두기를 선택한다. 이렇게 그들은 자신의 질병으로부터 정서적으로 동떨어져 있게 되고, 고통이 인간의 깊고 영적인 존재의 일부를 이루는 것으로 보지 않고, 중요하지 않거나 열등한 것으로 본다. 인간은 긴장감과 무감각한 자기 우월과 동떨어짐으로 계산적으로 냉담한 태도로 우월한 세력에 굴복한다.

④ 도피(Flight, 병적인〈pathological〉)

자신의 고통을 계속해서 부정하거나 과소평가하려고 결심한 사람은 자신을 고통과 분리하려는 시도에서 방어기제(defense mechanism)에 의존할 수 있다. 심리적 차원에서 그들은 부정(denial)이라는 방어기제를 사용함으로 고통에서 벗어난다. 이런 방식에서 고통은 병리적인 것이 될 수 있다. 왜냐하면, 그들은 고통에 집중하기를 거부하기 때문이다. 이런 거부는 다른 방식으로 표현될 수 있다. 예를 들면, 퇴행(regression)으로 사람들은 방어 패턴을 바꾸고 유아적 행동 패턴을 개발한다.

고통에서 자신을 보호하려고 시도할 때 또는 심리적 방어기제를 의존해 고통에서 벗어나려 할 때, 고통은 병리적(pathological)이 된다. 결국, 고통을 다루는 건강한 과정은 이상 행동(abnormal behaviour)과 고통에 대한 "신경증"(neurosis)이라 불리는 정신장애로 이끄는 이와 같은 방어기제들에 의해 지연될 것이다.

자신의 고통에 적극적으로 관여하는 것에 대한 완전한 저항으로서 그리고 실존의 현실로서 고통을 통합하기를 확고부동하게 거절하는 것으로 퇴행(regression)이 표현될 때, 행동에 대한 신경증적 패턴은 시작된다.

⑤ 내면화와 수용(Internalization and acceptance)

고통 가운데 있는 사람들에 대한 목회 돌봄은 그들이 고통을 소명과 성장을 위한 도전과 자신의 외상을 수용하는 기회로 보도록 해야 한다. 이런 관점에서 보면, 고통과 질병은 인간 실존의 현실적인 부분을 형성한다. 비록 고통이 그 자체로는 의미가 없을지라도, 고통은 의미 있고 중요한 태도 속에서 경험되고 사용될 수 있다. 심지어 위기와 슬픔 속에서도 고통은 그

과정에 적극적으로 관여하는 기회와 도전이 된다. '고통을 다룬다'는 것은 바뀔 수 있는 고통과 받아들여야만 하는 고통의 측면들을 구분하려는 긍정적 의지를 보여 준다.

(2) 건설적 전략

신학적 관점에서 공감적 피로의 영적 충격을 이해하기 위해서는 목회 돌봄에서 로우(Louw)의 네 가지 전략을 세밀히 검토하는 것이 전제조건이다. 외상 돌봄에서 고통을 다룰 때 다음의 네 가지 건설적 전략들이 고려돼야 한다. 즉, 고통과 싸우기(저항), 고통을 수용하기(내재화와 항복), 고통을 적용하기(영적 성장) 그리고 고통의 방향을 정하기(목적성과 실현)이다.

① 고통과 싸우기(Combating suffering, 저항⟨resistance⟩)

현 문헌들은 이 전략을 강조한다. 과학과 기술은 인간존재를 주체로 강조한다. 고통과 병에 저항한 예를 성경에서 볼 수 있다.

욥(Job)의 투쟁이 이 접근의 본보기가 되지만, 욥의 태도를 단순히 순수한 저항으로 치부해서는 안 된다. 욥은 고통에 저항했으나 그의 저항은 특정한 신뢰 관계(하나님의 신실함) 내에서의 적극적 반대이다. 하나님의 신실하심에 자신이 항복함으로 그는 고통에 저항할 수 있었고, 강포와 불의에 저항할 수 있었다. 고통 중에 욥이 이해한 하나님과 정통 신앙의 관점에서 그의 친구들이 이해한 하나님은 같은 하나님이 아니다.

② **고통을 수용하기**(Accepting suffering, 내재화와 항복⟨internalization & surrender⟩)

비록 인간은 악과 고통을 제거할 수는 없을지라도, 자신의 태도(attitude)는 변화할 수 있다. 때때로 우리는 고통이 불가피한 것이란 사실을 수용해야만 한다. 어떤 때는 변화시킬 수 없는 요인이나 받아들여야만 하는 요인이 등장할 수 있다. 그러나 크리스천은 심지어 고통 속에서도 하나님과의 관계가 끊어지지 않음을 안다. 믿음이 심각한 도전을 받는 상황 가운데에서도 하나님을 신뢰함으로 승리한다(prevail).

수용(acceptance)은 하나님이 그리스도 안에서 고통에 적극적으로 관여하신다는 특별한 지식에 근거한다. 신자들은 하나님의 은혜에 의존할 수 있다. 예를 들면, 신자는 자신의 고통을 소명(vocation)으로 본다. 그렇기에 그들이 그 도전을 잘 대처할 수 있도록 한다. 현실적인 자세와 접근은 고통의 내재화(internalization)를 일으킨다. 이와 같은 방식으로, 고통은 인간 실존의 한 부분이 되고 신앙 성숙으로 가는 영적 성장을 위한 기회로 보인다.

③ **고통을 적용하기**(The application of suffering, 영적 성장⟨spiritual growth⟩)

고통을 소명(calling)으로 볼 때, 믿음은 고통 속에서도 정체되지 않는다. 고통은 오히려 믿음의 시험(test)과 연단(refining of faith)으로 경험된다. "적용"(Application)은 하나님의 은혜로 감사와 기쁨의 태도(attitude) 가운데서 날마다 살아가기를 의미한다.

④ 고통의 방향을 정하기(Directing suffering, 목적성과 실현〈purposefulness & embodiment〉)

고통은 인생무상을 명확하게 인식하게 한다. 신앙의 관점에서 보면, 존재의 전부가 새롭게 미래를 향하는 것(is directed)이다. 이미 그리스도 안에 있다는 의식은 고통당하는 사람(sufferer)으로 하여금 자신이 현재 처한 상황을 초월할 수 있도록 해 준다. 신앙은 구원의 총체성(the totality of salvation)을 향해 사람들을 이끌고(direct), 그리스도 안에서 이미 현실로 된 미래를 향해 사람들을 유도한다(direct). 심지어 고통 속에서도 신자들은 종말적 소망(eschatological hope)을 가지고 살아가기를 시작할 수 있다.

신자는 하나님의 성취된 약속들(약속 치료: promissiotherapy)에 근거하고 하나님의 신실하심에 의지해 산다. 심지어 겉으로 보기에 소망이 없는 상황 가운데서도 여전히 새로운 비전과 관점을 가지고 미래를 기대하면서 산다. 역동적인 소망 그리고 자신을 낮추신 하나님의 사랑은 신자가 미래를 기대하며 고통을 초월할 수 있도록 해 준다.

여기서 약속 치료가 의미하는 바는 하나님은 그가 하시기로 약속하신 것들을 행하신다는 것이다. 이것은 또한 백성이 믿는다는 것을 의미한다. 왜냐하면, 그들은 구원의 은혜로운 선물을 받았기 때문이다. 따라서 그들은 믿음을 가지고 반응하며 위로받는다(paraklesis, 보혜사의 위로). 하나님의 성취된 약속들과 신실하심에 근거한 약속 치료(promissiotherapy)는 성경 진리의 "성례전적 특성"(sacramental quality) 때문에 믿음을 불러일으키고 적용하고 돌본다.

여기서 "성례전적"이라는 단어가 내포하는 것은 다음과 같다.

첫째, 성경의 본질이 은유적이다.

성경은 인간 실존의 초월적 차원을 가리키고 창조를 창조자와 그리고 인간을 하나님과 연결한다.

둘째, 성경이 하나님과 사람 사이에 독특한 교제(fellowship)를 만든다는 의미이다.

그 독특한 교제 속에서 중요한 것이 사람에게 일어났다. 성경을 통해 사람이 하나님과 관계될 때 사람은 양자택일에 직면한다(은혜/수용 또는 거절/고립 중). 성경의 성례전적 특성은 이렇게 영향을 미치는 언약적 사건을 만든다. 그것을 통해 사람은 자기 안에서 두 가지 양자택일을 발견한다(믿음과 은혜 안에서 살든지 또는 불신과 거절 속에서 살든지).

셋째, 성경은 은혜의 선물을 전달할 뿐만 아니라 은혜의 선물이다.

성경은 보혜사 사역(paraklesis)으로 알려진 위로 사역으로 위로한다. 복음과의 만남을 통해 목회 상담의 명백한 특징이 성례전적 차원으로 결론난다(희생과 대리적 그리고 교환의 방식).

루터(Luther)는 매우 강하게 이 차원을 강조했다. 그는 "복음의 모든 말씀과 사건은 성례전적이다"라고 주장했다. 복음의 말씀과 사건은 하나님이 신자 안에서 역사하시는 거룩한 상징들이다. 복음은 사람에게 은혜의 선물을 쏟아낸다.

넷째, 은유적 차원(구두 양식)과 상징적 차원(시각적 양식)을 언급한다.

하나님의 말씀은 설교와 가르침과 성경을 통해 구두로 전해진다. 또한, 성례전, 친절 행위(봉사) 그리고 참여(사역)를 통해 시각적으로 전달된다. 이것은 목회 돌봄에서 성례전적 입장이 목회적 해석학에서 유기적 접근으로 밀접하게 연결되어야 하는 이유이다.

복음의 성례전적 특성은 신자들 속에서 복음의 약속을 하나님이 세우신 다는 사실에 있다. 목회 사역에서 성례전으로서 사용될 때 복음은 믿음의 수단에 의해 도구로 작동한다. 선물로서 믿음은 다음과 같은 독특한 인간론적 공식에 근거한다.

> 모든 것은 당신을 위해 행해졌다. 당신의 자리에서 당신을 위한 구원의 메시지는 새로운 사람을 만들고 성숙한 믿음이 싹을 틔우도록 허락한다.

따라서 약속 치료는 하나님의 신실하심에 대한 증거로 성경 텍스트를 사용함으로써 목회 상담에서 효력을 발휘한다("나는 너를 무조건 사랑한다"). 이런 초월의 능력(capacity)과 기대의 과정은 신앙 성숙을 향한 성장 과정에 있는 필수적인 요인들이다. 고통의 지향점(방향성)은 목표(goal)와 성숙원리에 관한 것이다. 고통 중에 "무슨 목적 때문에?"(For what purpose?)라는 질문은 신자들의 교제(그리스도의 몸) 안에서 신앙 성숙에 초점이 맞춰진다. 여기서 고통은 그리스도 안에서의 성장 과정이 된다. 이 과정은 죄와 죽음에 대해 하나님의 종말론적 승리를 나타내 보여 주는 찬양과 경배의 태도를 시사한다.

결론적으로, 발렌트의 외상 돌봄에서의 여덟 가지 생존전략은 공감적 피로의 충격에 대한 생물학적, 심리학적 그리고 사회적 측면들을 보여 주고, 로우의 네 가지 전략은 신학적 관점에서 고통의 영적 측면들을 알려 준다. 우리는 이 두 가지 생존전략을 통해 외상 돌봄에서 공감적 피로의 영적 충격을 이해할 수 있고, 공감적 피로에 대한 우리의 부적절한 태도와 적성(inappropriate attitude and aptitude)을 변화시킬 수 있다.

2. 공감적 피로 예방을 위한 모델(Model for CF Prevention)

정신 건강, 법률, 의료, 종교 그리고 교육을 포괄한 연구에서 테흐러니(Tehrani, 2007, 325-339)는 다음과 같은 사실을 발견했다.

전문 종사자들의 60퍼센트가 압도감을 느꼈고, 전문 종사자들의 64퍼센트는 세상이 위험한 곳이라는 신념을 지지했는데, 양쪽 모두 공감적 피로를 나타내는 지표라는 것이다.

스프랭(Sprang) 등(2007, 259-280)은 외상 상담가, 대리 상담가 그리고 사례 관리자 같은 다양한 집단의 정신 건강 전문 종사자들을 조사해 다음과 같은 사실을 발견했다. 이 연구에서 모든 전문가는 공감적 피로의 어떤 지표를 보여 주었다(Julie, 2011, 4).

고통에 처해 있는 사람들을 돌보는 정신 건강과 다른 휴먼 서비스 전문가에 대한 손실은 잘 규명되어 있다. 전문적 종사자들이 경험하는 정서적, 신체적, 인지적, 행동적, 관계적 그리고 영적 증상들은 외상을 입고 문제를 가진 내담자들을 상담하는 것과 관련되어 입증되고 있다(Rank 등, 2009, 43).

한 연구는 전문 돌봄 관리자들을 위한 대학원교육이 그들을 공감적 피로로부터 보호하기에는 충분하지 않다는 것을 시사한다(Bush, 2009, 24-28). 전문 상담가들 특히 신입 상담가들을 어떻게 보호해야 하는지에 대한 추가 교육이 필요하다(Adams 등, 2008, 238-250; Bush, 2009, 24-28; Campbell, 2007, 165-171; Craig & Sprang, 2010, 319-339).

공감적 피로에서 회복되는 기간이 아마도 수개월, 심지어 수년이 걸릴지 모르는 엄연한 현실을 고려할 때 예방(prevention)은 최고의 치료법이다(Ruysschaert, 2009, 159-172; Julie 2011, 3). 공감적 피로 분야의 전문가들은 다음과 같은 사실에 동의한다. 즉, 공감적 피로에서 보호받을 수 있는 요소들에 대해 잘 인지하고 이해하는 것은 전문 상담가들 안에서 발달하는 공감적 피로를 예방할 수 있는 중요한 열쇠가 될 수 있다는 것이다(Julie, 2011, 3).

정신 건강 관리자들은 다음과 같은 사실을 추정한다. 만약 우리가 공감적 피로의 보편적이고 영적인 충격들에 대해 이해하고, 준비하고, 계획하고, 주의하지 않는다면 우리는 우리 자신에게(이차적 충격:secondary impact) 또는 우리와 가까운 사람들에게 그리고 우리의 전문적 돌봄을 받는 사람들에게(삼차적 충격:tertiary impact) 해를 끼칠 수 있다는 것이다.

공감적 피로를 관리하고 더 심각한 장애로 발달하는 것을 예방하기 위해서는 공감적 피로의 존재를 인정하고 공감적 피로를 위한 준비가 필요하다. 우리는 체계적이고 관계적이고 해석학적인 접근에 기초한 공감적 피로 예방을 위한 모델들이 필요하다.

외상에서 공감적 피로의 심리적, 사회적 그리고 영적 질병들은 개인과 사회 모두에 관련되어 있고, 공감적 피로의 해로운 충격들의 예방과 이 질병의 확산은 다양한 차원으로 기술돼야 한다(Figley, 1995, 179).

따라서 외상 돌봄과 목회 돌봄에서의 공감적 피로는 개인주의적 접근법을 쓸 뿐만 아니라 문제들에 대해 상황적으로 접근하도록 한다. 이런 상황적 접근(contextual approach)은 자율과 자기 실현에만 편파적으로 강조하는 일방적 내적-심리 역동성(unilateral intra-psychic dynamism)으로부터 멀어지고, 사회와 문화적 상황 내에 있는 연결망들과 구조들에 강조점을 두는 심리-체계 역동성(psycho-systemic dynamism)으로 향하는 대전환이다(Louw, 1998, 13).

이 연구에서 두 가지 모델을 제시한다.

① 켈리(Kelly)의 생태학적 모델(ecological model)
② 로우(Louw)의 나선형 모델(spiral model: 위치선정〈positioning〉)

로우의 나선형 모델은 체계적, 관계적 그리고 해석학적 관점에 기초한다. 왜냐하면, 공감적 피로는 탈진과 역기능(생리적, 심리적, 사회적 그리고 영적으로) 상태로 규정되고, 공감 스트레스와 공감 스트레스를 환기하는 모든 것에 대한 장기적 노출의 결과로 규정되기 때문이다. 장기적 노출은 오랫동안 지속한 고통과 그 고통의 희생자를 돌봄에 대한 계속된 책임감을 의미한다. 장시간 노출되는 느낌은 책임의 부담에서 벗어나기 어려운 것과 공감 스트레스를 감소시킬 수 없는 것(무능)과 관련되어 있다.

더군다나 외상의 회상은 공감 스트레스와 장기적 노출 때문에 유발된다. 이런 회상(recollection)은 외상 후 스트레스 장애의 증상들과 외상과 관련된 반응들 예를 들면, 우울증과 일반화된 불안과 같은 것을 자극하는 외상 기억들이다. 만약 상담가(치료자)가 병의 작용으로 또는 삶의 방식, 사회적 지위의 변화 또는 전문적, 개인적 책임감으로 느끼는 막대한 인생의 혼란을 경험한다면 공감적 피로는 불가피한 것이다(Figley, 1995, 253).

이 연구에서 공감적 피로의 예방을 위한 켈리의 생태학적 모델은 치료의 기초로서 사람과 환경 그리고 사회적 지지를 강조한다(Figley, 1995, 182).

고통의 개념에 대한 신학적 관점에서의 로우의 나선형 모델은 하나님의 은혜 안에서 개인의 위치(position)와 태도(attitude)에 강조점을 둔다. 후자(태도)는 외상 돌봄에서 상호작용하는 관계성의 역동적 네트워크와 시스템으로서 하나님의 신실함, 위엄 그리고 찬란한 영광을 나타낸다(Louw, 2005, 4). 외상 돌봄에서 이런 위치(positions: 태도와 적성)의 질(quality)은 공감적 피로에 있어 치료과정들, 변화 그리고 성장을 향상하는 데에 있어 중요한 역할을 할 수 있다.

1) 생태학적 모델(The Ecological Model): 정신 건강 돌봄의 생태학적 접근

정신 건강에서의 예방은 일차적, 이차적 그리고 삼차적 예방의 개념들을 가진 질병의 심리적, 사회적 충격에 대한 이해와 결합한다. 생태학적 모델은 유기체들과 그들 환경과의 상호관계에 관한 지역사회 심리학(community psychology)에서 이 관점을 끌어낸다(Figley, 1995, 180).

지역사회 심리학자(community psychologist)인 제임스 켈리(James Kelly, 1997)는 사람과 사회적 환경의 상호의존성을 강조했다. 이 모델은 세 가지 가정을 바탕으로 한다(Figley, 1995, 182).

① 신체적, 사회적 그리고 심리적 환경들은 개인의 행동에 영향을 준다.
② 환경조건에 대한 개인적 적응들은 성장과 발전을 촉진한다.
③ 지역사회 건강은 에너지 흐름과 자원순환으로 결정된다.

생태학적 예방에 대한 켈리의 접근에 대한 모든 기준을 충족시키는 하나의 모델은 '지역사회 위기대응 팀'(Community Crisis Response Team:CCRT)의 '케임브리지병원 폭력 피해자 프로그램'(the Cambridge Hospital Victims of

Violence Program)이다. CCRT는 전문 상담가들뿐만 아니라 개인 상담가들에 있어서도 이차적 외상 스트레스에 대한 예방을 통합한다. CCRT는 폭력(학교, 교회 그룹, 친구 집단, 스태프 그리고 이웃들을 포함)에 영향을 받는 지역사회에 대한 위기 개입을 제공한다.

이 CCRT는 표 2에서 설명한 대로 일차적, 이차적 그리고 삼차적 예방 패러다임의 통합을 보여 준다(Figley, 1995, 181-182). 특별히 다음의 예방 개념들을 포함한다.

① 일차적 예방: 워크숍, 반폭력 캠페인(antiviolence capmpaigns), 연합형성 그리고 지역사회 참여는 폭력의 근본 원인을 다룬다.
② 이차적 예방: 회의 및 교육 활동 보고는 참가자들이 외상의 잠재적 영향에 대한 준비와 계획을 수립하도록 도움이 된다.
③ 삼차적 예방: 지역사회 위기 개입(보고)과 추가 지원이 필요한 개인에 관한 확인 및 추천은 정서적 고통의 재발을 완화한다.

표 2는 이런 다차원적 관점과 일차적, 이차적 및 삼차적 예방의 예상 결과를 보여 준다. 정신 건강 문제의 예방에 대한 이런 다면적 접근은 생태학적 접근으로도 또한 설명됐다. 여기에서 이 접근은 개인의 이차적 외상 스트레스(STS)를 예방하기 위한 실질적 지침으로 제공되는 생태학적 접근이다(Figley, 1995, 180).

1차적 예방	2차적 예방	3차적 예방
↓	↓	↓
장기적인 사회 및 사회 변화	개인 및 환경 계획 및 전략	개인이나 공동체를 위한 개입
↓	↓	↓
대인관계 폭력의 근본원인 제거	이차적 외상 스트레스의 충격에 대처하기 위한 준비	이차적 외상 스트레스의 장기적 효과 감소

〈표 2 이차적 외상 스트레스(STS) 예방을 위한 다차원적 구조〉

(1) 생태학적 모델에서 공감적 피로 예방의 구성 요소들

공감적 피로를 명시적으로 만들고 공감적 피로(STSD)를 가진 사람들에게 이런 범주에서 현재 상태를 검토할 기회를 제공하는 것이 중요하다. 이런 개입은 이차적 예방인데, 만약 외상의 여파로 외상 사건이나 삼차 예방으로 활성화되기 전에 개인을 위한 기반을 구축하는 경우 이차적 예방이 된다.

공감적 피로의 해로운 영향에 대한 예방이다.

첫째, 개인(신체적, 심리적, 사회적, 직업적)
둘째, 환경(사회 및 작업 환경) 구성 요소들을 포함한다(Figley, 1995, 184; 아래 표 3- 이차적 외상 스트레스의 개인에게 미치는 영향 그리고 Figley, 1995, 191: 아래 표 4- 이차적 외상 스트레스가 전문적 기능에 미치는 영향).

인지적 Cognitive	집중력 저하, 혼란, 광대함, 의미상실, 줄어든 자아 존중감, 외상에 사로잡힘, 트라우마 이미지, 무관심, 경직성, 방향 감각 상실, 혼란스런 사고들, 자해에 대한 생각 또는 타인에 대한 손상, 자기 회의, 완벽주의, 깔봄(가볍게 보기)
정서적 Emotional	무기력, 불안, 죄책감, 분노/격노, 생존자 죄책감, 기능정지, 무감각, 두려움, 무력감, 슬픔, 우울, 과민증, 심한 기복을 일으키는 감정, 압도된, 고갈된
행동적 Behavioral	집착이 강한, 성급한, 짜증을 잘 내는, 내성적인, 변덕스러운, 퇴행, 수면장애, 식욕 변화, 악몽, 과잉 각성, 상승한 놀람 반응, 부정적인 대처법(흡연, 알코올 또는 다른 약물 오용), 재해(사고) 성향, 잃어버리는 물건들, 자해 행동들
영적 Spiritual	인생의 의미에 의문을 가짐, 목적을 잃어버림, 자기 만족의 부족, 만연된 절망, 무료함, 하나님에 대한 분노, 이전 종교적 신념들에 대한 의문
대인관계 Interpersonal	내성적인, 친밀감이나 성(sex)에 관한 관심 감소, 불신, 친구로부터 고립, 육아에 미치는 영향(보호, 공격에 대한 우려), 분노와 비난의 투사, 편협, 외로움
신체적 Physical	쇼크, 발한(땀남), 빠른 심장 박동, 숨쉬기 어려움, 신체 반응들, 온몸이 쑤시고 아픔, 현기증, 약화된 면역 기능

⟨표 3 이차적 외상 스트레스(STS)의 개인에게 미치는 영향⟩

업무 수행 Performance of Job Tasks	질(quality)의 저하, 분량(quantity)의 저하, 낮은 동기, 업무 수행 회피, 실수들의 증가, 완벽주의적인 기준 설정, 섬세함(details)에 대한 집착
근로 의욕 Morale	신뢰도 하락, 흥미 상실, 불만, 부정적 태도, 무관심, 사기저하, 감사의 부족, 냉담, 불완전한 느낌
대인관계 Interpersonal	동료들로부터 이탈, 참을 수 없음, 관계의 질 감소, 좋지 못한 의사소통, 자신의 욕구 포함, 직원 간의 갈등
행동적 Behavioral	잦은 결근, 탈진(고갈), 그릇된 판단, 성마름, 무책임, 과로(혹사), 잦은 이직

⟨표 4 이차적 외상 스트레스가 전문적 기능에 미치는 영향⟩

① 개인적 구성 요소들(Individual components)

㉮ 신체적(Figley, 1995, 183-185)

신체 작업은 우리 몸의 건강을 유지하는 것을 의미한다. 안정된 삶을 사는 것은 물론 다른 모든 자기 관리 구성 요소들을 통합하는 것은 신체 자가 관리를 증가시키고 마모와 찢어짐을 감소시킬 것이다. 일반적으로 자신의 신체에 귀 기울이는 것은 중요하다. 이 귀 기울이는 것은 종종 신체가 필요로 하는 것을 전달할 것이고 그래서 때때로 가장 먼저 알게 될 것이다. 잘 조율하는 것이 중요하기 때문에 정기적인 신체 검사가 제안된다.

㉯ 심리적(Figley, 1995, 186-188)

심리적 삶의 균형은 적당한 속도뿐만 아니라 다양한 활동으로 특징지어지는 삶을 유지하기 위해 중요하다. 그렇다고 해서 자신의 삶에 있어 다른 사람들보다 더 스트레스를 많이 받는 시기가 없을 것이라는 뜻은 아니다. 오히려 일, 외부 이익, 사회적 접촉, 개인적인 시간 및 레크리에이션의 전반적인 균형을 위해 노력하는 가치를 강조한다. 삶의 균형에는 삶의 헌신과 향상 활동에 대한 헌신이 포함된다.

㉰ 사회적(Figley, 1995, 188-190)

사회적 지원은 개인적 및 직업적 이차적 외상 스트레스 장애 예방의 핵심 요소이며 개인에 대한 집중을 넘어 자신의 소셜 네트워크에 초점을 맞추는 것으로 개입을 확대하는 것이 중요하다.

㉣ 직업적(Figley, 1995, 190-200)

개인과 직업적인 문제 사이의 균형을 유지하는 것은 정신 건강 관리자들에게 여러 가지 면에서 중요하다. 한 가지 문제는 주당 근무시간과 직접 외상 치료와 관련된 업무의 비율을 얼마나 해야 하는가 하는 것이다. 직장 생활에서 다양성을 갖는 것은 중요하다.

예를 들어, 만약 구타당한 여성 쉼터의 핫라인에서 일하거나 새로운 거주자를 쉼터에 적응시키는 경우 공교육에 종사하거나 행정 업무를 수행하거나 다른 전문 활동에 참여할 기회를 얻는 것도 중요할 수 있다. 다른 말로 하면, 직장 생활에서 업무의 양과 질에 균형을 맞추는 것이 중요하다는 것이다.

② **환경적 구성 요소들**(Environmental components)

㉮ 사회 환경(Figley, 1995, 200)

사회적 지원은 개인적 및 직업적 이차적 외상 스트레스 장애 예방의 핵심 요소이며 개인에 대한 집중을 넘어 자신의 소셜 네트워크에 초점을 맞추는 것으로 개입을 확대하는 것이 중요하다(Figley, 1995, 188). 지원 시스템을 평가하거나 변경하는 것 외에도 자신의 필요와 경험에 대한 사회적 지원을 교육하는 작업도 있을 수 있다. 이 교육 과정에는 자신이 아끼는 사람들의 태도와 기술을 바꾸는 도전이 포함될 수 있다(Figley, 1995, 189).

사회적 지원은 외상 생존자들에게 중요한 심리적 이익의 원천으로 확인되었으며 팀 접근법(team approach)은 이런 내담자들과 함께 일하는 정신 건강 전문가들을 위한 유사한 지원을 제공할 수 있다. 더 중요한 것은, 팀(team)이 이차적 외상 예방에 적극적인 개입을 또한 제공할 수 있다는 것이다(Figley, 1995, 209).

㉯ 작업 환경(Figley, 1995, 200-201)

작업 환경이 공감적 피로에 영향을 미치고 공감적 피로가 작업 환경에 효과를 미칠 수 있는 것처럼, 작업 환경에 대한 개입은 직무 만족, 자기 관리 및 이차적 외상 스트레스 장애 예방에 영향을 줄 수 있다(Figley, 1995, 200).

피글리(1995, 237)는 계층적(위계적) 관계(hierarchical relationship)가 외상 후 스트레스 장애(PTSD) 생존자의 치료 또는 이차적 외상 스트레스 장애를 가진 근로자를 관리함에 관계없이 정상화의 중요한 측면인 "수준 경험"(leveling experience)을 방해할 수 있다고 주장한다.

업무 환경에서 교회를 포함한 기관들이 공감적 피로의 해로운 영향을 어떻게 예방하거나 제한할 수 있는지에 초점을 맞추고 있다.

첫 번째 규칙은 사고가 실제로 발생하기 전에 공감적 피로의 예방 메커니즘(기제, mechanism)이 작동해야 한다는 것이다. 공감적 피로의 예방 메커니즘에는 ㉠ 정신 교육 ㉡ 준비 및 ㉢ 계획 등이 포함된다. 공감적 피로에 대한 노출은 항상 피할 수는 없지만, 교회를 포함한 기관들은 ㉠ 스트레스를 인식할 수 있고 ㉡ 노출된 회원들은 지지적인 환경에서 그들의 스트레스 경험을 처리할 수 있는 가장 좋은 기회를 가질 수 있다(Figley, 1995, 233).

(2) 공감적 피로 예방인 생태학적 모델의 개요

CCRT는 공감적 피로의 치유를 위한 사람과 환경의 상호의존성을 강조하는 지역사회 역량 강화 모델(community empowerment model; 켈리 모델)을 기반으로 한다.

CCRT 모델의 중요성은 CF 예방에 대한 생태학적 접근방식이 도움이 되는 개인과 공동체의 물리적, 심리적, 사회적 및 전문적 측면에 초점을 맞추고 있다는 것이다(Figley, 1995, 182). 비록 강조점이 개개인의 이차적 외상 스트레스 장애 예방에 초점이 맞춰져 있지만, 개인의 이차적 외상 스트레스 장애를 예방하는 것은 개인의 유일한 책임이 아니라는 점을 강조하는 것이 중요하다. 이런 공감적 피로의 예방은 인식, 계획 및 행동을 통해 구현될 수 있다(Figley, 1995, 206).

다음의 표 5는 이차적 외상 스트레스 장애 예방의 생태학적 구조에 대한 요약을 제공한다.

개인(Individual)			
개인적 (Personal)			전문적 (Professional)
신체적(Physical)	심리적 (Psychological)	사회적(social)	• 균형 • 경계/ 제한 설정 • 지원/도움받기 • 대처 계획 • 전문적 훈련 • 자가 치료 평가 • 직업 헌신 • 보충
• 전신 운동 • 잠 • 영양	• 생활 균형 • 휴식 • 자연과의 접촉 • 기술 개발 • 묵상(명상)/ 영적(정신적) 수련 • 자기 인식 • 유머	• 사회지원 • 도움받음 • 행동주의	

환경 (Environmental)	
사회적 (societal)	작업 환경 (Work Setting)
• 교육 전략들 • 연합 구축 • 입법 개혁 • 사회적 행동	• 물리적 환경 • 가치 시스템 • 직무/개인 가이드라인 • 감독/경영 지원 • 협력

〈표 5 이차적 외상 스트레스 장애(STSD) 예방을 위한 생태학적 모델〉

2) 나선형 모델(A Spiral Model: 위치 선정〈Positioning〉)

고통에 대한 체계적, 관계적, 해석학적 접근법으로서의 나선형 모델은 공감적 피로의 영적 충격들에 대한 질적 접근법을 도입한다. 이는 고통 속에서 질병(병리학)과 건강 사이의 상호작용이 내담자(환자)의 생활방식(예: 식이요법, 흡연 및 음주 습관), 반동적 행동, 성숙도/영성의 질, 성장, 학습, 적응 능력에 의해 결정된다는 것을 의미한다.

나선형 모델에서 내담자(환자)의 개인적 성장 잠재력과 신앙 잠재력은 고통(고난)에 대한 반응과 건강의 질(Louw, 2008, 23)에 결정적이다.

나선형 모델은 인간의 역동적인 압축(a dynamic compression of human beings)과 잘 들어맞는다. 이것은 사람들이 종종 질병을 완화할 수 없지만, 질병에 대한 그들의 태도와 기질(attitude and disposition)을 바꿀 수 있다는 것을 의미한다. 이런 변화는 성숙의 정도와 질, 신앙 내용, 기준 및 지원체계 규범적 틀에 따라 가능하다(Louw, 1994, 3; 2008, 24).

다른 말로 하면, 역동적 나선형 모델은 규범(norm)이 건강도 아니고 질병도 아니라는 것을 의미한다. 내담자(환자)의 성숙의 질, 신념체계(믿음 체계, belief system)의 내용, 생활과 가치체계의 규범적 차원, 인간관계의 성숙, 즉 자기 자신과의 관계, 동료/가족/집단과의 관계, 자연/환경과의 관계, 문화와의 관계 그리고 하나님과의 관계 등이다. 이 모든 것이 외상 돌봄에 있어 결정적인 역할을 한다(Louw, 2008, 43-44).

이 모델은 인간이 고통과 아픔에 의미 있게 대응할 수 있다는 추정에 바탕을 두고 있다(Louw, 2008, 24). 인간이 의미 있는 삶을 살기 위해 절실히 필요한 것은 하나님의 은혜(divine grace)에 노출되는 역동적인 네트워크(관계망)와 상호작용하는 관계의 체계로서 기능하는 공간(space)이다. 생활과 상호작용을 위한 이 공간 안에서 사람들은 방향을 정하고 위치를 잡는다. 외상 돌봄에서 이런 위치(태도와 적성)의 질은 공감적 피로의 충격에 대응해 치유, 변화, 성장 과정을 강화하는 데 핵심적인 역할을 한다(Louw, 2005, 4).

공감적 피로를 포함한 외상에 관한 모든 인간적 문제들은 반드시 역기능적 성격들(dysfunctional personalities)과 관련이 있는 것이 아니라, 시스템 내에서 역기능적 위치들(dysfunctional positions)과 부적절한 존재의 기능들(inappropriate being-functions)과 관련이 있다.

시스템을 고려해 개인의 공감적 피로의 역기능적 행동은 개인 병리(individual pathology)와의 네트워킹의 역학관계(the dynamics of networking)내에 있는 역기능적 위치들의 결과물이다. 개인의 공감적 피로를 바꾸기 위해서는 시스템 내에 있는 사람들의 위치들(positions)이 바뀌어야 한다. 외상 돌봄에서 공감적 피로의 치유와 치료는 성격 변화뿐만 아니라 시스템 내에서의 위치 변화에 관한 것이다(Louw, 2005, 25).

적절하거나 부적절할 수 있는 서로 다른 위치들에 대한 인식은 외상의 위기나 고통의 아픔(CF)을 통해 일할 새로운 기회들을 창출한다. 체계적, 관계적, 해석학적 모델로서의 나선형 모델은 사람들이 새로운 목표를 세우고 새로운 희망의 과정을 도입하는 데 도움을 줄 수 있다(Louw, 2005, 28).

인생의 모든 문제가 해결될 수 있는 것은 아니다. 즉 외상 돌봄의 위기관리는 고통스러운 인생 경험에 대한 빠른 해결과 쉬운 해답에 관한 것이 아니다. 많은 문제가 해결될 수는 없지만, 그 문제들과 함께 살아가야 한다. 비록 많은 문제가 해결되지 않고 인생의 우연이나 자신에게 닥친 그 사건들을 통제할 수 없는 것이 사실이지만, 사람은 고통에 대한 자신의 반응과 태도를 실제로 바꿀 수 있다.

기질(성향, Dispositions)은 고정된 실체가 아니라 고통에 대응해 수용하고, 적응하고, 변화하려는 우리의 의지(willingness)를 나타내는 것이다. 이런 점에서 위기관리의 해석학(hermeneutics)으로서의 나선형 모델은 공감적 피로의 영적 충격으로부터 예방하는 데 있어 가장 도움이 될 수 있다(Louw, 2005, 98).

위기의 역학(the mechanics of a crisis)을 이해하는 것은 기본적으로 통찰력(insight)에 관한 것이다. 통찰력은 이성적인 분석이나 인지적 상황이 아니라, 지혜(wisdom)를 말한다. 즉, 무엇이 진정으로 중요한지 분별하고 질문을 제기할 수 있는 능력을 말하는 것이다.

"왜?"(why)라는 질문 대신에 "무슨 목적 때문에?"(For what purpose)로 질문 내용을 바꾸는 것이다.

"무슨 목적 때문에?"(For what purpose)라는 질문은 의미 추구(the quest for meaning)를 위협하는 가장 기본적인 실존적 문제(existential issues)를 알고 있어야만 제기할 수 있다. 고통에 관한 실존적 문제들은 불안(anxiety), 죄책감(guilt), 절망(despair) 그리고 무력감(helplessness)과 연관되어 있다(Louw, 2005, 99).

고통 속에서 무력감은 돌봄, 상담, 공감의 필요를 말한다. 그것은 공감을 통해 위로의 마음으로 영혼과 동행할 수 있는 동반자 즉 "소울 가드"(-soul guard)나 "소울 메이트"(soul-mate)로서의 역할을 할 수 있는 그 누군가(somebody)와 그 역할을 지원하기 위한 지원체계(support system)의 필요를 말한다.

그리스도의 몸 안에서 신자들의 교제(fellowship)는 외상 돌봄의 지원체계로서 기능해야 한다. 교회의 코이노니아(koinonia: 친교) 내에서 상호 돌봄(mutual care)의 공간(space)은 공감과 연민의 수단을 통해 만들어진다(Louw, 2005, 100). 공감적 피로의 영적 충격에 기여하는 중요한 요소들은 파괴적인 사고 패턴, 일방적 사고체계들과 관점들, 성숙의 질 그리고 해석의 이념적 도식(ideological schemata)이다.

목회 돌봄에서 공감적 피로가 가진 영적으로 해로운 충격들로부터 사람들을 예방하기 위해서는 정신 건강 관리자들이 다음에 나오는 나선형 모델의 다섯 가지 요소들을 이해하는 것이 중요하다.

첫째, 공감적 피로 관리평가에 대한 해석학적 접근(설명 모델에서 해석학적 접근으로 패러다임 전환)

둘째, 공감적 피로의 영적 충격에 대한 신학적 차원들

셋째, 신정론(Theodicy)과 고통(공감적 피로:CF)
넷째, 하나님의 파워(power, 전능⟨omnipotence⟩)와 해석학적 접근에 있어 공감적 피로에 대한 하나님의 연대(solidarity, 일치 : 연민⟨pathos⟩)
다섯째, 십자가 신학(A theological of the cross: 공감, 연민)

(1) 공감적 피로 관리평가에 대한 해석학적 접근: 설명 모델에서 해석학적 접근으로 패러다임 전환(A Hermeneutical Approach to the Assessment of CF management)

공감적 피로의 유해한 영향을 재방향화하고 설명하는 과정에서 설명적 접근방식(explanatory approach: 원인-결과⟨cause-effect⟩)에서 해석학적 접근방식으로의 패러다임의 전환은 공감적 피로 관리평가에 대한, 더 현실적인 입장과 건설적인 접근방식을 개발하는 데 도움을 줄 수 있다. 공감적 피로 관리평가는 해결책을 찾는 것이 아니라 고통 속에서 공감적 피로의 서로 다른 태도와 위치의 상호관련성에 대한 이해를 발전시키는 것이다.

그러나 한 개인의 정서 상태가 긴장되어 혼란에 빠져 있을 때, 정서적 상처는 공감적 피로 가운데서 미래의 방향 감각 상실과 역기능적 행동으로 이어질 수 있으므로, 이때 공감적 피로에 대한 평가는 이루어질 수 없다(Louw, 2005, 111).

해석학적 접근으로서 공감적 피로를 치유하는 나선형 모델은 고통 가운데 있는 공감적 피로를 책임질 준비가 되어 있을 때만 도움이 될 수 있다. 이런 준비는 성숙, 지원 시스템 및 도움(상담)과 직결된다(Louw, 2005, 107).

설명 모델(원인-결과)로부터 해석학적 모델로의 패러다임 전환은 고난에 대해 더욱더 현실적인 자세와 건설적인 접근을 개발할 수 있도록 도울 수 있다. 이 모델은 문제에 대한 해결을 찾는 것이 아니라 고통에 관한 나은 태도와 위치의 상호관련성을 이해하는 것(통찰 제공)을 개발함에 관한 것이다.

예수 그리스도 자신은 죄와 아픔(질환)/고통(sin and sickness/suffering) 사의의 결정론적, 인과론적(원인/결과) 연결 개념을 버리셨다. 고통(질환)의 목적은 우리 모두의 죄를 발견함이 아니라 완전히 새롭게 하심이 목적이다. 그 결과 믿음 안에서 우리는 완전히 하나님 자비의 대상이 될 수 있다

인과론적 개념에서 도출되는 심판과 형벌(judgement and punishment)로서 고통(질환)은 그리스도 안에서 상대화되고, 심지어 결국에는 정복된다(더 이상 고통, 아픔, 질환, 죽음을 말함이 아니라 종말론적 관점으로 이런 개념들을 보아야 한다.no more illness and death but eschatological perspective).

해석학적 접근으로서의 고난에 관한 치유로서의 나선형 모델은 고통에 대해 그 사람이 책임을 지려고 준비할 때만 도움이 될 수 있다. 이런 준비성(readiness)은 성숙(maturity), 지원체계 그리고 도움(상담)과 직접 관련이 되어 있다.

이런 책임성의 근거는 하나님의 참 형상과 사람의 참 형상이신 그리스도 안에서 인류는 하나님 형상의 회복을 공유할 수 있는 구속의 연대 안에 있게 되었다는 것이다. 따라서 이런 연대는 상호 간에 공동 책임이 있음을 의미한다. 따라서 하나님을 섬기는 일은 전 인류에 대한 헌신을 함축한다(존. W. 드그루시, 2008, 179-180).

위기의 해석학적 접근으로서 치유라는 나선형의 모델에 대한 기본적인 가정과 동기는 세 요소가 있다.

첫째, 위기는 변화를 위한 기회로 보아야 한다.

둘째, 변화는 충분한 동기가 있을 때 가능하다.

동기부여를 위해서는 종종 외부 요인, 즉 결정 요인을 완화하고 촉발 요인을 극복할 수 있는 요인이 필요하다. 이와 관련해 그리스도 안에서 하나님의 위치 이동(God's position-shift, 빌 2:7-8)을 강조하는 기독교 신앙이 본보기가 될 수 있다.

우리의 취약성(상처입기 쉬움)과 고통(히 4:14-15)에 대한 하나님의 동일시(God's identification) 때문에, 우리는 무너지고 부서진 타락한 세상에 존재하는 한계에도 불구하고 믿음을 통해 존재에로의 용기(the courage to be)를 기를 수 있다.

셋째, 변화는 충분한 지원 및 돌봄 시스템의 도움으로 유지될 수 있다.

기독교적 맥락 안에서 이런 시스템은 그리스도의 몸 안에 있는 코이노니아(교제)의 통합된(공동의) 정체성(the corporate identity)을 가리킨다(Louw, 2005, 110).

다음은, 외상 돌봄에서 해석학적 접근(나선형 모델)은 사람들이 공감적 피로의 영적 충격을 예방하도록 특히 신학적 차원들에 초점을 맞춘다.

(2) 공감적 피로의 영적 충격의 신학적 차원들(Theological Dimensions of Spiritual impact of CF)

일차적, 이차적(성적, 신체적, 심리적)인 모든 형태의 외상은 사람의 영성(spirituality)에 영향을 미친다. 영성은 타인 그리고 초월자, 하나님, 또는 최상의 힘과의 의미, 목적, 관계에 대해 탐색하는 사람의 부분이다(Dalene, 2002, 31).

달린(Dalene, 2002, 8)은 모든 형태의 외상의 영적 충격은 자신의 삶에 가장 지속적이고 파괴적인 영향을 미친다고 주장한다. 모든 형태의 외상이 미치는 영적 충격은 자신의 존재 핵심 즉 하나님과 자신의 관계 그리고 자기 자신과의 관계를 공격한다. 따라서 모든 형태의 외상의 영적 충격은 신앙의 위기를 초래할 수 있다.

외상 희생자들이 하나님께서 자신들이 저지른 일에 대해서 벌을 주고 있다고 느끼는 것은 이상한 일이 아니다. 하나님을 고통의 근원으로 비난하는 것은 신앙 전통(faith tradition)에 기반을 둔 사람들뿐만 아니라 어떤 의미에 대한 이전의 종교적 정체성(religious identity)이 없는 사람들에게서도 들린다(Dalene, 2002, 31).

재난 희생자(외상)의 경험을 경청하는 정신 건강 관리자들은 분명히 이차적 외상 스트레스 장애의 위험에 처할 것이다. 피글리(2002, 57)는 이런 외상의 전염에 가장 취약한 사람들이 "자신을 구원자로 보기 시작했거나 최소한 구조자로 보기 시작했다"고 언급했다(Figley, 1989, 144-145).

이른바 "글로벌 맥월드"(global McWorld) 시대에 제기해야 할 외상 돌봄에서의 신학적 질문은 다음과 같다 (Mestrovic, 1997, xi).

첫째, 그리스도인은 개발, 성취, 생존에 대한 우리의 필요를 충족시켜야 하는 하나님 이미지와 그 이미지 제공에 대한 이해를 유지할 것인가 아니면 외상의 인간적 비참함을 다루고 소망의 새로운 지평을 열어 주는 하나님 이미지를 유지할 것인가?

둘째, 고통의 문제를 해결하기 위한 해답을 찾으려는 격차의 하나님(the God of the gaps)과 인간의 노력의 하나님이신가, 아니면 우리의 격심하고 대답할 수 없는 질문 즉 고통 속에서 의미에 관한 질문의 하나님이신가? (Louw, 2000a, 3).

외상 돌봄에서 이제 우리에게는 적절한 신학적 해석학(theological hermeneutic)이 필요하다. 즉, 외상에 빠진 공감적 피로의 영적 충격으로부터 사람들을 보호하기 위한 우리의 하나님에 대한 이해가 필요하다. 왜냐하면, 인간의 고통은 우리가 삶을 통해 여행하는 과정에서 겪게 되는 아픔, 괴로움 그리고 비극적인 사건들에 대한 것이 아니라 위협적이고 외상적 충격을 가져오는 사건들에 대한 우리 반응의 질(the quality of our reaction)에 관한 것이기 때문이다.

공감적 피로에서의 고통은 우리의 성향, 태도, 규범 그리고 가치관에 영향을 미친다. 그것은 우리의 인생 철학과 의미와 의의에 관한 탐구에 도전한다(Louw, 2000a, 9).

고통(공감적 피로)은 하나님, 자기 자신, 동료 인간 그리고 창조물 전체에 대한 개인의 태도에 영향을 미친다. 더 영적인 차원에서 고통은 부적절한 하나님 이미지를 드러낸다. 근본적으로 고통 속에서 겪는 고통은 이렇게 신학적 문제가 되어 우리에게 신학적 과제를 남긴다.

신학의 과제를 다른 용어로 표현해 보자면, 이것은 우리와 관계해서 하나님이 어떤 분이신가 하는 것에 대해서만 아니라 우리와 무관하게 하나님이 어떤 분이신가 하는 것에 대해서도 명확하게 진술하는 작업이다.

신학은 비인간화와 싸우고 삶을 고통의 순간으로부터 생명의 충만한 상태로까지 윤택게 할 수 있게 하시는 참 하나님을 깨닫도록 하는 과제에 관여하는 것이다.

고통은 사람의 총체적 존재와 의미 탐색에 영향을 미친다(Louw, 2000a, 11). 개인의 가치관에 대한 집중에 영향을 미치는 "존재론적 진공"(existential vacuum, Frankl, 1984, 128; Corey, 2001, 151)과 "실존적 좌절"(existential frustration, Frankl, 1984, 123)을 알게 된 사람은 빅터 프랭클(Victor Frankl)이었다. 그에 따르면, 고통은 무관심으로부터 자유롭고 풍요로운 삶에 기여할 수 있다. 고통은 존재가 자신을 초월하여 존재 이상의 것을 향해 뻗어 나가는 과정을 촉발할 수 있다(Frankl, 1984, 137).

이 초월 인자(transcending factor)는 잠재 의식적 차원에서 하나님과 접촉할 수 있게 한다(Flankl, 1984, 142-143). 외상 돌봄에서 겪는 고통은 따라서 신학적 문제가 된다. 더욱 영적 차원에서 고통은 부적절한 하나님 이미지를 폭로한다(Louw, 2000a, 11).

부적절한 하나님 이미지는 행동에 대한 그런 영향을 미침으로 신앙의 발달이 억제될 수 있다. 부적절한 하나님 이미지(inappropriate God-image)는 유아적 행동(infantile behavior, 퇴행)을 유발할 수 있으며, 이것은 심지어 의심, 불안, 공격성을 야기할 수도 있다.

부적절한 하나님 이미지와는 대조적으로, 적절한 하나님 이미지(appropriate God-image)는 신앙 행동에 대한 영향을 풍부하게 하고 힘을 실어 준다. 적절한 하나님 이미지는 성숙함을 자극하고 감사, 희망, 사랑과 기쁨의 경험을 강화한다.

부적절 또는 적절한 하나님 이미지와 파괴적 또는 건설적 하나님 이미지 사이의 차이는 도덕적 문제(moral issue)로 간주해서는 안 된다.

하나님에 관한 부적절한 개념이 반드시 잘못되었다거나(wrong), 적절한 개념이 옳다(right)는 말이 아니다. 진짜 문제는 하나님에 대해 옳고 그르

다라는 개념이 아니라 이런 하나님 개념이 신앙 행동에 미치는 영향에 관한 것이다.

하나님에 관한 개념은 정말로 잘못된 행동이나 올바른 행동을 일으킬 수 있고, 따라서 이 개념은 윤리적 결과를 초래한다. 그런데도 고통 속의 나선형 모델은 둘 사이의 구별을 "도덕화"하려고 하지 않는다(Louw, 1998, 341).

다른 말로 하면, 부적절한 하나님 이미지는 종종 신자들과 교구 신자들이 기독교 신앙(믿음)을 고통스러운 사건들에 적용하지 못하게 하는 원인이 된다. 부적절한 하나님 이미지는 흔히 신앙 병리(pathology of faith)를 가져온다. 즉, 고통에 대한 하나님의 역할과 기능에 관한 잘못된 기대 그리고 고통에 있어 하나님의 의지에 대한 순진한(naive, 고지식한) 해석(Louw, 2000a, 19)이다.

즉, 신앙 병리는 인간의 삶에 수반되는 파괴적이고 부정적인 영향으로, 하나님에 대한 왜곡된 인식에 기인할 수도 있다. 부적절한 하나님 이미지와는 대조적으로 하나님에 대한 건설적이고 긍정적인 인식(적절한 하나님 이미지)은 신앙과 정신 건강의 발달에 긍정적으로 기여한다(Louw, 1998, 12).

결론적으로, 사람들이 가진 하나님에 관한 개념이 변화되면 삶에 대한 그들의 태도에 진정한 변혁을 발생시키고, 고통 가운데 있는 공감적 피로의 영적으로 해로운 충격에서 벗어나도록 예방한다.

로우(Louw, 1998, 223)는 정신 건강을 돌보는 자와 교구 신자로서 목사의 부적당하고 부적절한 하나님 이미지들이 결국 일종의 "신앙의 병리"로 이어진다고 주장한다.

캐버나(Cavanagh, 1992, 80)는 정신 건강을 돌보는 자와 교구 신자로서 목사가 겪는 많은 병리적 문제를 하나님을 향한 건강하지 못한 그들의 인식에서 비롯된다고 주장한다.

즉, 고통에서 공감적 피로의 하나님에 대한 부적절한 이해(유아적 신앙)는 역기능이나 병리적 신앙과 행동을 유발할 수 있지만, 고통에서 공감적 피로의 적절한 하나님 이미지(성숙한 신앙)는 더욱 건설적이고 목적적인 행동들을 촉진하고, 희망을 심어 주며 목회 사역의 궁극적인 치료 효과에 기여한다.

다음으로, 우리는 신앙 행동에 미칠 수 있는 공감적 피로의 영향에 대해 사람들을 영적으로 준비하기 위해 신정론과 고통의 관계를 이해할 필요가 있다.

(3) 신정론(Theodicy)과 고통(Suffering:CF)

신정론은 하나님의 사랑과 전능(omnipotence) 사이의 관계 때문에 제기되는 딜레마(dilemma)를 해결하기 위해 악과 고통의 관점에서 하나님을 정당화하려는 시도를 내포하고 있다(McGrath, 1995, 27-28). 이는 세상의 악에 직면해 발생하는 사건들을 다루시는 하나님, 하나님의 선하심과 하나님의 문제 처리를 정당화하려는 인간의 시도이다.

여기에서 발생하는 문제는 이것인데, 하나님은 전능하시고 전적으로 선하심(omnibenevolent)에 대한 믿음을 사람이 동시적으로 가질 수 있는가 또는 가질 수 없는가 더 나아가 모순 없이 그 악은 실제인가 또는 아닌가에 대한 것이다.

목회 돌봄에서 우리는 사람이 자신의 하나님에 대한 이미지를 명확히 표현하고 이것을 삶의 구체적인 현실의 맥락에서 시험하려고 할 때마다 어떤 형태의 신정론이 불가피하게 나타난다는 사실을 받아들여야 한다. 신학적 문제는 하나님은 전능하시고 무한한 사랑이시지만 악은 실재한다는 신념을 모순 없이 동시에 취할 수 있느냐 하는 것이다(Louw, 2000a, 25).

신앙인에게 신정론 문제의 진정한 딜레마는 악(evil) 가운데 하나님의 전능이라는 개념이 그분의 사랑의 문제를 제기하는 방식에서 비롯된다. 하나님의 전능을 강조하면 그분의 주권을 사수할 수 있지만, 하나님을 악의 저자(author)나 기원(origin)으로 볼 수 있는 위험이 존재한다.

이는 선은 단지 비존재 질의 표시물(an exponent of non-being quality)로서 단지 현실(reality)과 악(evil)으로만 보이는 일원론의 위험을 안고 있다. 즉, 그것은 오히려 선한 목적을 위해 필요한 수단으로써 필요한 일시적 출현일 뿐이다. 그러므로 어떤 식으로든 악은 선에 봉사하고, 심지어 목적론적 과정의 변증법적 부분을 형성할 수 있다.

반면에, 만약 신자가 고통 속에서 하나님의 여민과 사랑을 강조한다면, 그때 하나님은 악에 대해 무력하고 무방비 상태로 나타날 수 있고, 그로 인해 하나님의 전능을 해칠 수 있다. 이것은 현실이 선과 악으로 경쟁하는 두 가지 힘으로 구성된 이원론적 결론으로 이어질 수 있다. 사람들은 투쟁의 어느 쪽을 지지하고 싶은지 선택해야 한다. 선은 하나님에게서 오지만, 악은 상반되는 요인(어둠의 힘)에서 오는 것이다.

모든 악과 악의 원리를 추적하는 영지주의적(Gnostic) 이원론에 크게 영향을 받은 마르시온(Marcion)은 이 세상의 '악신'(evil god)과 연관되지 않는 선한 신(good God)을 말했고, 악이 물질세계(질료)와 연관되었으므로, 신자들은 영적 인식(gnosis: 물질은 악하고 영은 선하다)을 통해 고통을 저항해야 하며, 황홀(ecstasy)을 통해 그것으로부터 자유로워야 한다고 주장한다.

에피쿠로스(Epicurus: 쾌락을 인생 최대의 선〈善〉이라 한 고대 그리스의 철학자, 341-270. BC)는 이 신정론의 딜레마를 다음과 같이 요약했다(Louw, 2000a, 27).

① 하나님은 악을 이겨 내고 싶어도 막을 수 없다(그때 하나님은 전능하시지 않다).
② 또는 하나님은 악을 극복할 수 있는 능력을 갖추고 계시지만, 하나님은 원하지 않으신다(그때 하나님은 전능하시지만 선하지 않으신다).
③ 또는 하나님은 악을 극복하려는 힘도, 욕구도 없다(그때 하나님은 전능하지도 않고 선하지도 않다. 그는 더 이상 하나님이 아니다).
④ 또는 하나님은 악을 극복하는 힘과 그렇게 하려는 욕구 모두 가지고 있다(그때 악의 기원에 대한 질문은 여전히 남아 있고 다음 질문에서 표현될 수 있다. 왜 하나님은 악을 제거하지 않는가? 또는 그때 하나님은 악의 근원인가?).

간단한 삼단논법(In body, 1997, 28)으로 공식화된 논리적인 문제는 이 삼단논법 형식으로 명시될 수 있다.

① 만약 하나님이 전능하다면 그는 모든 악을 막을 수 있을 것이다.
② 만약 하나님이 완벽하게 선하다면, 그는 모든 악을 막고 싶어 할 것이다.
③ 악은 있다.
④ 그러므로 (전능하고, 완벽하게 선한) 하나님은 존재하지 않는다.

신정론의 딜레마는 다음과 같은 질문에 요약되어 있다.

하나님이 악을 주시는가?(하나님은 전능하시지만 선하지 않으시는가?)

하나님은 악을 주시지 않는가?(그때 하나님은 선하고 사랑하시지만 전능하지 않은가?).

이 딜레마는 하나님의 전능과 그분의 무한한 사랑 사이에 긴장을 조성한다. 이 딜레마의 문제는 신학이 종종 서로 다른 두 개의 반대되는 속성으로 여겨졌던 하나님의 전능과 그분의 선함(사랑) 사이의 분열주의를 전제하고 있다는 것이다. 이런 긴장감 때문에 하나님과 고통의 관계를 설명하려는 서로 다른 이론 안에서 두 가지 주요 경향을 확인할 수 있다.

신정론에 대한 다양한 전통과 관점을 체계화하기 위해, 우리는 일반적으로 포괄적 접근법과 배타적 접근법(inclusive and an exclusive approach)을 구별할 수 있다.

① 포괄적 접근(inclusive approach)에서 신학자들은 하나님의 지배(control)를 방어하기 위해 하나님을 악과 연결하려 한다. 하나님은 전능하고 인생의 모든 것을 결정한다. 모든 사건은 어떻게 해서든 하나님의 뜻과 섭리와 연결되어 있다.

② 배타적 접근(exclusive approach)으로 신학자들은 하나님을 공감하지 않는 방식으로 묘사하는 정적 모델(static model)에 대해 맞서 반응한다. 그들은 하나님의 연민(pathos)을 그의 공감과 심지어 모든 형태의 악과 고통에 대한 항의 표시로 강조하려고 의도한다. 그들은 모든 인간의 고통의 원인이 되는 하나님을 배제하고 싶어 한다.

그러므로 하나님이 고통과 동일시하는 것은 그가 반드시 고통을 일으키지는 않는다는 것을 나타낸다(Louw, 2000a, 27-28).

도식: 신정론(Theodicy) 하나님/고통 God and/in suffering	
포괄적 모델(Inclusive model): 어떻게 해서든 고통은 하나님의 뜻이다(섭리)	**배타적 모델**(Exclusive model): 고통은 직접 하나님의 뜻이 아니다 (연민)
속성: 하나님의 전능 ↓ 일원론적 경향성(monistic tendency) 하나님의 형벌(다스림) 더 높은 목적을 위한 수단 좋은 것을 위한 통로(통치) 창조의 결함 ↓ 결정론(Determinism)	속성: 하나님의 선하심/공평/사랑 ↓ 이원론적 경향성(dualistic tendency) 고통 속에 계신 하나님 고통과 싸우기 위한 수단으로서의 행동 저항(신학 하기) 미래 해법(미래/재림) ↓ 비결정론(Indeterminism)

〈표 6 신정론의 도식〉

신정론에 대한 이론적 도식을 다시 설명하자면 신앙인에게 외상 돌봄에서 신정론 문제의 진짜 딜레마는 악의 가운데 하나님의 전능 개념이 하나님의 사랑의 문제를 제기하는 방식에 의해 야기된다(포괄적 공식, the inclusive formula: 하나님은 고통을 의도하신다, suffering: the will of God)는 것이다.

반면 신자가 고난 속에서 하나님의 연민과 사랑을 강조한다면 하나님은 악에 대해 무력하고 무방비 상태로 나타날 수 있다(배타적 공식, the exclusive formula: 하나님은 고통을 의도하지 않으신다, suffering: not the will of God) (Louw, 2000a, 40). 이것은 현실이 선과 악의 두 경쟁하는 힘으로 구성된 이원론적인 결론으로 이어질 수 있다(Louw, 2000a, 27).

외상 돌봄에서 하나님의 계시(하나님 이미지)는 다면적이며 상황(contextuality)과 문화적 이슈들(cultural issues)에 따라 다른 형태를 취한다. 성경으로부터 하나님의 뜻에 관한 하나의 최종적인 해결책을 도출하는 것은 매우 어렵다. 그러므로 포괄적 공식과 배타적 공식 중에서 선택할 필요는 없다. 이것이 고통과 관련되었을 때 하나님의 뜻을 어떻게 이해하느냐에 달려 있다.

공감적 피로의 영적 충격을 확인하기 위해서는 정신 건강 관리자들이 인과(설명, 형이상학)관계 접근(cause-effect approach)에서 해석학적 접근(hermeneutical approach)으로 패러다임 전환을 겪는 것이 필요하다. 만약 신학적 해석으로 고통을 설명하기 위해 인과관계와 형이상학적 패러다임을 활용한다면 그때는 평생 고정된 청사진으로 하나님 이미지를 적용하는 난관에 부딪치게 된다. 그 대신 해석학적 패러다임을 이용할 때 이것은 신학적으로 고통과 하나님의 관계를 "십자가 신학"(라틴어: *Theologia Crucis*, The theology of the Cross)의 관점에서 어떻게 이해하느냐의 문제로 요약된다.

해석학적 패러다임 안에서 고통 속에 있는 공감적 피로의 영적 해로운 충격에도 불구하고 하나님은 여전히 그분의 은총을 유지하고 계시는데, 이와 같은 방식으로 하나님은 확실히 악을 굴복시키시고 다루실 수 있다 (Louw, 2000a, 40).

다음으로 우리는 목회적이고 신학적 이슈로서 하나님의 힘(power, 전능)과 그분의 고통의 연대(일치: solidarity, 연민〈pathos〉) 사이의 긴장을 이해할 필요가 있다. 외상 돌봄의 긴장에 대한 우리의 이해를 위해 공감적 피로의 기존 신학적 패러다임(인과관계)과 공감적 피로의 매우 경직된(흔히 비합리적인) 하나님 이미지들을 재구성해 기독교 신앙을 신앙의 병리에 적용할 수 있다.

특히, 이 연구에서 필자는 "개조"(재편, reshaping)나 "변화"(changing)라는 방식 대신에 "관점 바꾸기"(재정비/재구조화, reframing)의 방식을 적용하고자 한다. 개조나 변화라는 방식은 정신 건강 보호자로서 목사에게 기존 개념 대신 다른 개념이나 상이한 개념을 사용하도록 압박을 가할 수 있는 반면에, 관점 바꾸기의 방식은 다른 프레임이나 다른 맥락 안에서 동일한 개념을 사용할 수 있도록 한다.

따라서 관점 바꾸기는 "의미를 바꾸기 위해 사람이 사건을 인지하는 프레임(frame)을 바꾸는 것"으로 이해할 수 있다. 물론 의미가 바뀌면 그 사람의 반응과 행동도 또한 바뀐다고 할 수 있다(Capps, 1990, 10).

다시 말하면, 관점 바꾸기는 새로운 방식들 안에서 그리고 다른 관점들로부터 사물들을 바라볼 수 있는 능력이다. 어떤 문제를 다룰 수 없게 되는 이유는 비전(vision)에 대한 우리의 각도(시야)가 잘못되었거나 좁거나 곡해되었기 때문이다. 근본적으로 다른 방식으로 문제를 봄으로써 우리는 그 문제가 어떻게 해결될 수 있는지 또는 그것이 전혀 문제가 되지 않음을 분별하는 것이다.

이런 의미에서 다음 장 안에서는 십자가 신학을 확립함으로써 연구자는 궁극적으로 하나님의 정신 건강 보호자로서 목사의 인식을 지배했던 기존의 신학적 패러다임을 개조하거나 변화시키기보다는 관점 바꾸기에 초점을 맞추고자 한다.

(4) 해석학적 접근에서 공감적 피로(CF:고통)에 대한 하나님의 힘 과 그의 연대(God's power<omnipotence> and His solidarity<-pathos> of Compassion Fatigue <CF, suffering> in Hermeneutical Approach)

유추(유비, analogy)의 관점에서 힘(권력, power)은 일차적인 심리적, 사회적, 존재론적 개념으로서 타인과 소통하고 일을 성사시키는 능력일 뿐만 아니라 관계의 상호 권한 부여(mutual empowerment)를 통해 서로를 형성하는 능력이다. 강압(force)과 통제(control)로서의 전능(omnipotence)보다는 영향(effect)과 설득(persuasion)으로서의 하나님의 힘이라는 측면에서 전능이 더 중요하다.

그렇다면 힘(권력)은 더 이상 완전히 무력한 대상에 자신의 의지를 강압적으로 강요할 수 있는 능력을 의미하는 것이 아니라, 오히려 설득을 통해 자유롭게 또 다른 힘의 중심으로 향하는 능력을 가리킨다. 후자는 고통에 대한 하나님의 동일시와 부활의 관점에서 창조의 변혁으로 인해 가능하다(Louw, 2000a, 62-63).

인간의 자유는 하나님의 자유롭게 하시는 은혜 안에서 발견되는데, 하나님의 자유를 확언하는 일은 하나님께서 인간을 구원하시고 대속하여 자유롭게 하실 수 있을 뿐 아니라 이런 사역에 관여하고 계신다는 점을 확실하게 인식하는 것이다. 하나님의 자유는 변덕스럽거나 자의적인 자유가 아니라 예수 그리스도 안에서의 자유이며, 신앙 공동체와 개별 신자 양방이 자유와 생명을 누려야 할 자유이다.

다시 말해서, 하나님의 힘(God's power)은 강요하는 힘, 즉 통제하는 힘이라기보다는 창조하고 치료하고 재건하는 힘을 말한다. 하나님의 동일성(identification)과 연민(compassion), 변환(transformation)은 기본적으로 그분의 신실함(faithfulness)에서 비롯된다.

게다가 하나님의 힘은 억압, 지배, 자기 중심적인 힘보다 해방, 구원, 축복, 자기 희생, 연민의 힘의 측면에서 더 많이 대표될 수 있을 것이다. 특히 앞 장에 있는 십자가 신학(연민)은 그리스도의 부활 속에서 삶(인생)이 불안에서 희망으로, 무에서 종말론(from nothingness to eschatology)으로 죽음에서 부활로 급진적으로 변모했음을 나타낸다. 나아가 성령의 사역 때문에 새롭게 변화되고 부활한 이 삶(생명)은 소망, 희생적 사랑, 평화와 기쁨의 형태로 매일 실현될 수 있다(Louw, 2000a, 155).

만약 하나님의 능력(힘)이 인간의 역사와 경험 속에서 하나님 자신의 고통하는 사랑과 압도하는 선하심에 의해 결정된 은혜와 정의의 능력이라는 것을 천명해 주는 삼위일체적, 기독론적 단서(但書)들이 없다면, 전능이라는 군주적 개념(강요하고 통제하는 힘)은 하나의 우상이다(존. W. 드그루시, 2008, 158).

이와 관련해 십자가 신학(연민)은 아마도 정신 건강 보호자로서 목사가 하나님의 연민 어린 사랑과 고통에 대한 하나님의 동일시(일체감)뿐만 아니라 하나님의 참된 부활의 능력을 발견할 수 있도록 도울 수 있다. 십자가 신학 속에서 목사는 그들의 고통과 곤궁 속에서도 참된 소망을 재구성할 뿐만 아니라 그리스도의 희생적 사랑을 바탕으로 한 그들의 적절한 윤리적 역할도 재건할 수 있다.

이 연구에서 필자는 또한 십자가 신학(연민)이 시장경제 세계화, 개인주의, 탈근대주의(postmodernism), 전방위적 탈근대성(trans-postmodernity)이 교회에 미치는 영향을 반영해 온 목사의 기존의 신학적 패러다임을 보다 적절하게 재구성할 수 있도록 정신 건강 보호자로서 목사에게 도움을 줄 수 있을 것으로 보고 있다.

오늘날의 위기가 보여 주는 바는 교회가 분열되어 있다는 것이다. 이 말은 다양한 교파로 인한 분열을 의미하는 것이 아니라 격변하는 시대 속에서 상이한 사회적 관심사와 복음에 대한 상이한 이해로 인한 교회의 삶 안에서의 분열을 의미한다. 아무리 이런 차이들이 교리 문제에 뿌리를 두고 있다고 해도, 현재의 교파적, 신앙고백적 차이들은 역시 그들이 역사적 형성기에 입게 되었던 사회적 영향력들의 산물이기 때문에 역사의 과정은 반복되고 있다.

현재의 전선들은 과거의 신앙고백적 경계선들과 더 이상 일치하고 있지 않다. 이 전선들은 새로운 역사적 상황 안에서 생긴 복음에 대한 새로운 이해들 곧 상이한 사회 인식, 정치적 관여, 물질적 이권과 실천 때문에 형성된 이해의 산물이다. 현재 교회의 갈등의 성격은 복잡하다. 하지만 복음을 사회적으로 자유롭게 하며 변혁시키는 능력으로 생각하는 사람들, 즉 믿음과 정의를 위한 투쟁을 연결 짓는 사람들과 이렇게 생각하지 않는 사람들 사이를 크게 나누는 일은 가능하다.

후자 중에는 무비판적 애국심, 무비판적 반공, 반에큐메니즘과 권위주의적 근본주의를 모토로 삼는 우익 형태의 기독교를 신봉하는 이들도 있다. 이런 유의 기독교는 지난 십 년 어간에 미국에서 대대적으로 유입되어 특별히 남미와 남아공에서 지금 맹위를 떨치고 있다.

또한, 원리상 압제나 인종차별주의를 거부하고 있지만, 정치적 관여에는 중립을 모색하면서 자유와 정의를 위한 투쟁에는 가담치 않는 또 다른 다수 그룹의 그리스도인들이 있다. 많은 그리스도인이 교회가 정의와 화해를 위해 관여해야 한다는 의견을 취하고는 있지만, 교회의 단일성을 저해하거나 깨뜨릴 수 있는 편 들기를 해 그렇게 하지는 않는다.

그러나 시장경제 세계화, 개인주의, 탈근대주의, 전방위적 탈근대성의 흐름 속에서 교회 지도자들의 딜레마는 선지자적으로 외치면서 동시에 때때로 깨어지기 쉬운 교회의 단일성 유지를 모색해야 한다는 데 있다.

놀란(Nolan, 1988, 214-215)은 이런 딜레마를 인정하고 있지만, 만일 교회가 복음에 충실하고자 한다면 이런 진퇴양난에서 쉽게 벗어날 수는 없을 것으로 본다(존. W. 드그루시, 2008, 276).

로우(2002, 92-93) 역시 다음과 같이 적절히 지적했는데, 전방위적 탈근대성에서의 신정론이 더 이상 악과 고통 앞에서 하나님을 정당화하려는 이성적인 시도가 될 수 없다고 한다.

로우에게 있어 "전방위적 탈근대성"은 구조조정(restructuring)과 재건(reconstruction)의 새로운 시기로의 이동을 의미한다. 그에 따르면, 상대성, 탈구축(해체, deconstruction), 분열(붕괴, fragmentation), 다원주의가 탈근대성을 특징짓는 반면, 네트워킹과 안보를 위한 연구, 근본적인 가치의 재건 그리고 지역주의를 위한 통일된 힘이 전방위적 탈근대주의를 특징지을 수 있다고 한다.

로우는 또한 다음과 같이 전방위적 탈근대성에 새로운 도전을 제기한다.

첫째, 희생적 사랑의 윤리로 달러(dollars)와 금(gold)의 금융 전쟁에 맞서 싸우기 위해,

둘째, 존엄성과 지역적 문화 가치를 지키는 가치관들을 재조직(reorganizing)하고 재정비(관점 바꾸기, reframing)하고 재배치(repositioning)하는 것으로 대응

이 새로운 세계 패러다임의 도전에서 십자가 신학(연민)은 곤경과 고통 속에 있는 목사와 교구 성도들에게 참된 소망을 심어 줄 수 있을 뿐만 아니라 목회 돌봄에서 그들의 신앙과 치유 과정에 대한 성숙도를 향상할 수 있을 것이다.

플로우(Plou, 1996, 61)에 따르면 시장경제의 세계화라는 궁극적인 목표가 개인주의와 사회 분열을 증가시킬 것이기 때문에 사람들은 자신들을 단지 소비자들로만 인식하게 될 것이다. 결과적으로, 그가 계속 주장하듯이 인간의 존엄성은 잊힌 것처럼 보이며 가장 중요한 것은 구매력(purchasing power)이다(Plou, 1996, 61).

여기에 더해서 로우(Louw, 2000b, 30-33)는 인간을 새로운 문화적 틀로 만드는 경제 세계화가 교회에 미치는 부정적인 영향에 대해 경고한다. 그것은 "성취, 오락, 돈벌이, 소비, 물질적 착취, 기술개발 그리고 경제적 실적의 문화"이다.

몰러(Mohler, 1995, 68)는 포스트모더니즘(탈근대주의)을 심오한 전환(profound transition)의 문화 현상으로 이해한다. 이것은 예술, 역사, 건축, 문학, 정치학, 철학 분야에서 스타일, 동향, 변화, 접근법을 포괄하는 우산(포괄적) 개념(umbrella concept)으로 볼 수 있다.

오스본(Osborne, 1999, 93)은 다원주의와 상대주의를 모두 수용하는 포스트모더니즘(탈근대주의)은 과학적 탐구 속에서 합리적 사고와 목적의 실체에 의존한 모더니즘(moderism, 근대주의)에 대한 반작용의 산물이라고 주장한다.

특히, 로우(2003, 40)는 목회신학에 대한 포스트모더니즘의 결과와 도전을 다음과 같이 적절하게 지적한다.

> 현재 질적 연구를 강조하고 있는 것은 부분적으로는 해석학을 향한 점진적인 패러다임 변화 때문이다. 이런 변화는 합리주의, 즉 이성과 논리의 힘을 통해 현실을 지배하려는, 근대주의라는 실증주의적 입장에서 벗어난 움직임이다.

확실히 로우(2005, 17, 24-26)가 분명히 보여 주듯이, 우리는 "매우 실증주의적 입장의 위험한 설명 모델(형이상학적이고 실체적 범주들 안에서 하나님을 규정하기 위한 신학적 요구)"에서 "상호연결성과 상호관계의 역학관계뿐 아니라 해석학적이고 체계적 모델"(문맥적 해석과 이해에 강조점을 둔)로 향하는 새로운 신학적 패러다임 전환의 도전을 무시할 수 없다.

신학을 한다(doing theology)는 것은 과거사나 토해 내는 것 혹은 단순히 새로운 시대의 도전들에 반동하는 것을 의미하지 않고, 현재를 넘어 세상을 위한 하나님의 미래를 내다보면서 인간이 그 속박들을 풀고 하나님께서 전체 피조물을 위해 바라시는 해방을 지금 고대할 수 있게 하는 작업을 의미한다(존 W. 드그루시, 2008, 104).

해석학적, 체계적 자세는 목회신학이 하나님에 대한 우리의 이해가 의미와 소망을 향한 인간의 탐구에 어떤 영향을 미치는지 밝히기 위해 인간의 존재 특성을 평가하는 것을 가능하게 한다(Louw, 2003, 44). 따라서 신정론 문제와 관련해 로우(2003, 50-54)는 목회신학에서 하나님의 동정(공감,compassion)과 연민(pathos)뿐만 아니라 그분의 "언약적 은혜"(covenantal grace)와 "신실함"(faithfulness)도 강조되어야 한다고 주장한다.

그렇다면 어떻게 전능을 정의하고 하나님의 의지를 이해하려고 하는가에 관한 것은 주로 하나님의 신실함에 대한 신학적 개념과 연결된다. 십자가(동일시)와 부활(변화) 속에서 창조와 재창조를 통해 하나님의 힘(power)을 해석하기 위한 패러다임(해석학적 패러다임)은 사회적 관계성에서 파생된 것이 아니라 신학 자체(단절 속의 연속성〈신실함〉, continuity within discontinuity)로부터 나온다. "하나님의 선하심"은 만인에 대한 자비(omnibenevolence)가 아니라 확고한 신실함, 은혜 그리고 공감(연민)이다(Louw, 2000a, 62-63).

맥그래스(McGrath, 1992, 61)는 "공감"(compassion)이라는 단어를 자신의 고통과 고뇌를 나누기 위해 누군가와 함께 고통의 의미가 있는 것이라고 정의한다.

이런 위험을 의식해 벌코프(Berkhof, 1979, 134)는 전능을 "방어할 수 없음"(defencelessness)이라는 개념과 연결하려 한다(1979:134). 후자 '방어할 수 없음'은 무능함(inability)이나 무기력(impotence)을 나타내는 것이 아니라 죄 많은 인간에게 공간을 만들어 줄 수 있는 은총을 나타낸다.

하나님의 사랑 안에서 하나님의 사랑의 힘은 상처받기 쉽고(vulnerable, 죄인을 대신하여 상처받는 사랑: 예수님은 상처 입은 치료자) 인류와 함께 위험을 무릎쓸 준비가 되어 있는 사랑이다. '방어할 수 없음'은 하나님의 인내하심과 인고(忍苦)의 모습을 묘사한다. '방어할 수 없음'은 그렇게 적극적인 힘의 행사를 배제하는 것이 아니다. 이것은 반대편의 힘을 전멸시키는 폭력적이고 파괴적인(강제적인) 힘의 행사를 배제한다(Louw, 2000a, 5).

이 '방어할 수 없음'은 하나님의 "상처 입기 쉬움"(vulnerability)이 세상의 구원으로 드러나는 십자가에서 그 절정(최악의 절망상태, nadir)에 이른다. 하나님은 약해지셨다(무력해지셨다, powerless). "방어할 수 없는 우월적 힘"(defencelessness superior power) 대신 "상처 입기 쉬운 신실함"(vulnerable faithfulness)이 더 좋은 번역이 될 것이다.

벌코프(Berkhof, 1979, 133)는 하나님의 힘을 파괴적이고 상처 입히는 폭력이 아닌 "압도적인 은혜"(overwhelming grace)로 간주해야 한다고 설명하려고 한다(Louw, 2000a, 65).

만일 하나님 힘이 지배적인 의지와 권력의 관점에서 주로 정의되면, 불가피하게 인간들도 정확히 이와 동일한 관점에서 이해되어서, 사람들이 세상에서의 소명을 마음대로 남을 지배하거나 심지어 조작하는 일로 여기거나 아니면 역으로 노예처럼 굴종적으로 지배당하는 일로 여기는 것을 의미하지 않겠는가?

고통받는 하나님(the suffering God)과 십자가 신학(the theology of the cross)은 새로운 패러다임의 틀을 구성하는데, 즉 하나님의 전능 현존과 힘은 '상처 입기 쉬운 신실함'과 '압도적인 연민'으로 해석된다(하나님 힘의 해석학적 접근, Louw, 2000a, 66).

"상처 입기 쉬움의 영성"(a spirituality of vulnerability)은 우리가 우리의 한계와 자기 통제의 포기를 받아들이고, 하나님이 우리의 삶을 통제하고 있다는 것을 내포하고 있다. '상처 입기 쉬움의 영성'은 또한 하나님 이미지와도 밀접하게 관련되어 있다(하나님의 신실함과 그분의 상처 입기 쉬움).

로우(Louw, 1995, 70)는 결코 우리를 버리시지 않고, 심지어 죽음 이후에도 항상 우리와 함께하실 것을 약속하시는 하나님의 신실하심 개념을 제시한다. 하나님께서 그분의 독생자(아들)의 언약적 세례와 십자가에 죽으심, 부활과 승천으로 그분의 신실하심을 증명하시므로 결국 우리는 하나님이 약속하신 것을 행하시리라는 것을 알 수 있다.

하나님의 신실함 때문에 우리는 그의 은총의 선물을 받아들인다. 하나님께서 그리스도(화해)를 통해 하신 일이 모두 나를 위한 것임을 알게 되었을 때 우리는 할 말을 잃는다. 그뿐만 아니라 하나님의 상처 입기 쉬움에 대한 개념은 힘과 관련해 공감적 피로로 인해 고통받는 자의 문제에 있어서 결정적 역할을 한다.

로우(Louw, 2000, 69)는 하나님의 힘, 전능과 주권에 대한 논의에서 하나님의 힘, 즉 아버지의 힘을 은혜, 자비, 봉사, 희생의 관점에서 전능(almighty)으로 인식하고 "하나님의 언약적 만남과 우리의 인간적 불행과 은혜로운 동일시(graceful identification)와 밀접하게 연결되는 힘"으로서 하나님의 힘을 보았다.

> 하나님은 자신의 모든 적을 섬멸(전멸)하시는 것(annihilating)이 아니라 그들을 사랑하심으로써 압도(정복)하신다.

로우(Louw, 2000, 70)는 하나님의 은혜와 "무조건적인 사랑"(unconditional love)이라는 측면에서 하나님의 주권을 본다.

주권은 하나님이 모든 것을 지배(control)하신다는 의미가 아니라 오히려 권한을 위임하신다(empower)는 뜻이다.

힘 이슈에 대한 이와 같은 해석학적 패러다임은 하나님의 상처 입기 쉬움과 신실함이 정신 건강 보호자로서 목사가 성취와 경쟁, 권력, 지배와 통제의 정신(망령)에서 벗어날 수 있도록 돕는 본보기가 될 수 있음을 시사한다. 대신에 소망과 평안을 가지고 소명과 헌신, 배려(선의의 경쟁, 〈competition〉)와 봉사를 위해 살도록 정신 건강 보호자로서 목사에게 동기를 부여한다.

이런 하나님 이미지(하나님의 신실함과 상처 입기 쉬움)를 바탕으로 한 '상처 입기 쉬움의 영성'은 또한 절망, 불안 그리고 죄책감과 같은 실존적 문제에 대한 치료 효과를 발생시킴으로써 정신 건강 보호자로서 목사 그리고 공감적 피로를 가진 고통자로서의 목사가 곤경 가운데서도 영적 성숙을 위해 의미 있고 목적 있게 살 수 있도록 한다.

'상처 입기 쉬움의 신실함'의 측면에서 전능은 고통과 우리가 가진 사회적 현실의 환경 내의 역사 속에서 자신을 드러내신다. 상처 입기 쉬움의 신실함의 측면에서의 전능은 "인간성"(humanity)이라는 개념에 새로운 차원을 부여한다.

하나님은 편파(편애)성(partiality)를 보이지 않으시지만, 인간의 불행과 하나님 자신을 동일시하신다. 하나님의 공정성(impartiality)은 심판과 정의 뿐 아니라 이 땅에 거류하는 인간 즉 고통받는 인간에 대한 연민과 사랑을 나타내신다(Louw, 2000a, 69).

본질적인 신학적 요점은 그리스도의 고난은 하나님의 고난과 분리될 수 없다는 것이다. 이런 신학적 논점을 뒷받침하는 동기는 우리가 가진 인간 고통을 우리의 아픔과 불행에 대한 하나님의 동일시와 연결해 주는 것이다. 우리 인간 고통에 대한 하나님의 동일시가 없이는 인간의 삶은 소망도 없고 성취(실현)도 없다(Louw, 2000a, 76).

고통받는 하나님의 개념은 죽음과 고통에 대한 하나님의 개입을 드러내며, 왜 십자가가 공감적 피로 가운데서 위안을 주고 소망을 불어넣을 수 있는지에 대한 이유이다. 하나님은 성령을 통해 고난으로 들어가시고, 성령 때문에 고통 속에 계신다.

고통받는 하나님의 개념은 "성령론적 행위(활동)와 현실"(pneumatological act and reality)이다. 하나님은 성령을 통해 고난의 경험적 차원(empirical dimension)으로 들어가신다. 고난 가운데 성령은 인간의 영혼이 구원의 제의에 응하게 하심으로 믿음, 소망, 사랑으로 이 구원을 표현할 수 있게 하신다(Louw, 2000a, 99).

십자가의 빛 속에서 공감적 피로로 고통받는 사람은 그들의 고난과 함께하시고 그들의 고난 속에 함께 계시는 하나님의 존재를 발견하게 된다. 하나님의 연민은 위로하시는 신학적 현실(comforting theological reality)을 제시하는데, 이것을 통해 목회 돌봄은 공감적 피로로 고통당하는 자에게 새로운 비전을 제공할 수 있다.

(5) 십자가 신학(A theological of the cross: 공감, 연민)

하나님의 힘(전능)과 고통(CF)의 연대(일치), (연민) 사이의 긴장을 목회적, 신학적 이슈로 이해하고 십자가(공감)와 부활의 신학을 목회적 관점에서 확립하기 위해서는, 루터(Luther), 몰트만(Moltmann) 그리고 로우(Louw)로 대표되는 십자가 신학(공감)을 목회적 관점에서 특히 반영해야 한다.

이 단락의 목적은 십자가 신학(루터, 몰트만, 로우)에 대한 세 가지 해석이 어떻게 유용한 통찰력을 제공하여 하나님의 힘(전능)과 고통의 연대(연민) 사이의 긴장 문제에 대한 이해를 재구성하고, 공감적 피로를 경험한 정신 건강 보호자로서 목사의 치료를 위한 적절한 목회적 접근으로 이끌 수 있는지를 탐구하는 것이다.

그리스도인의 고통과 그리스도의 십자가 사이의 이런 연결고리를 위해 맥그래스(McGrath, 1985, 173-174)는 다음과 같은 새로운 신앙의 의미를 발견한다.

> 신자는 믿음을 통해 그리스도와 영적인 결혼을 하게 되는데, 그 결과 이 놀라운 속성 교환(exchange of attributes)이 일어난다. 이렇게 십자가 신학은 믿음 신학이며 또한 온전히 믿음의 신학이라는 것이 명백해진다.

맥그래스는 루터에게 있어 믿음이 의미하는 바가 무엇인지 설명한다. 믿음은 단지 추상적 교리들의 집합에 동의하는 것이 아니다. 믿음은 인지적 요소와 실존적 요소를 모두 가지고 있다. 사람이 믿음을 가지지 않는 한 십자가의 진정한 의미를 결코 이해하지 못할 것이며, 십자가의 신비로움은 영원히 그에게서 감춰져 있을 것이다.

오직 믿음을 가진 자만이 십자가의 진정한 의미를 이해한다. 불신자가 십자가 위에서 죽어 가는 버려진 사람의 무력함과 절망감만을 보는 곳에서, 십자가 신학자는 인간의 고통 속에 존재하실 뿐만 아니라 그 고통을 통해 적극적으로 일하시는 "십자가에서 못 박히시고 숨겨진 하나님"의 존재와 활동을 인정한다(McGrath, 1985, 174-175).

우리가 십자가 신학(루터, 몰트만, 로우)에 대한 세 가지 해석을 선택한 이유는 다음과 같다.

첫째, 루터는 십자가 신학의 실존적 함축(the existential implication)을 더 강조했다. 즉, 절망과 하나님의 부재에 대한 경험을 강조했다.

둘째, 몰트만은 십자가의 존재론적, 신학적 함의를 더 강조했다. 즉, 삼위일체와 하나님의 연민의 재구성을 강조했다.

셋째, 로우는 십자가의 목회학적, 해석학적 함의를 더 강조했다. 즉, 하나님 이미지 재구성, 의미에 관한 인간의 탐구 그리고 영적 치유를 위한 함축(약속 치료: promissio-therapy)을 강조했다.

따라서 십자가에 대한 세 명의 신학자의 신학에 대한 숙고는 정신 건강 보호자로서 목사가 겪는 공감적 피로에 대한 신학적 패러다임의 재구성을 이끌어내는 데 있어 결정적인 역할을 할 수 있다는 것이 필자의 생각이다.

루터의 십자가 신학은 재구성된 하나님 이미지(고통받는 하나님의 사랑)와 하나님의 힘의 개념의 재해석을 제시하고 복음(인간의 행위가 아닌 하나님 은혜로만 구원)을 강조함으로써 정신 건강 보호자로서 목사가 가진 공감적 피로를 다루는 데 있어 귀중한 통찰력을 제공한다.

① 루터의 십자가 신학(Kim, Sunghwan 2005, 183)

㉮ 루터의 십자가 신학은 하나님의 힘에 대한 새로운 개념 심지어 반전(反轉) 개념까지도 창조할 수 있다. 왜냐하면, 그의 십자가 신학은 고통과 약함 속에서 하나님의 힘을 구하고 십자가에 달리신 하나님의 길을 따름으로서 억압적인 힘의 우상을 파괴하라고 우리를 부르기 때문이다.

㉯ 루터의 십자가 신학은 "안페흐퉁"(Anfechtung, 시련, McGrath, 1985, 175)에 의해 표현된 무력함과 절망의 상태의 개념을 강조한다. "안페흐퉁"의 개념에서 루터는 인간과 곤경에 직면해 그리스도의 수난과 하나님의 고통을 강조하려 시도한다.

루터에게 그리스도의 수난은 단순히 지성적 차원(noetic dimension)이 아니라 매우 실용적, 경험적 차원을 보여 준다.

하나님은 수동성보다는 그분의 적극적인 고통을 통해 하나님 자신을 알리신다고 믿으며, 루터가 자신의 "오프스 프로프리움"(*Opus proprium*, 하나님의 적절한 사역, God's proper work)을 경험하기 위해 "오프스 에일리어넘"(*Opus alienum*, 하나님의 이질적인 사역, God's alien work)이라고 부르는 완전한 굴욕과 고통을 우리가 경험하도록 한다.

즉 하나님의 생소한(낯선) 사역을 경험함으로써 죄인은 하나님의 적절한 사역을 알맞게 할 수 있고, 안페흐퉁을 경험함으로써 죄인은 오직 하나님만을 신뢰함으로 의롭게 되는 것을 안다.

이런 이유로 안페흐퉁은 "맛있는(유쾌한) 절망"(delicious despair)이라고 할 수 있다.

㉰ 따라서 루터의 십자가 신학에 비추어 우리는 합리적이고 철학적인 추측을 통해 하나님의 힘(power)을 이해하려는 어떠한 시도도 무시해야 한다. 더욱이 루터의 십자가 신학 내에서는 하나님을 더 이상 "그리스(희랍)" 신의 이미지와 같이 우리의 고통과 곤경에 대해 무관심하고 냉담한 존재로 볼 수 없다.

오히려 십자가에 달리신 그리스도의 수난은 하나님의 신실함과 영원한 사랑뿐만 아니라 우리의 고통과 곤경에 대한 하나님의 진정한 동일시와 공감(연민)을 보여 준다고 말할 수 있다.

루터의 십자가 신학은 "하나님께서 '다름 아닌 숨어 계시는 하나님으로서'(precisely as a hiddend God) 자신을 계시한다는 점"이다. 이런 통찰은 하나님의 주권이 집어삼키고 파괴하는 우상들에 의해 발휘되는 힘 곧 노골적, 가부장적, 파괴적 능력을 세상에 휘두르고, 절대 주권을 가지신 하나님의 이름으로 철장(鐵杖)을 들고 교회와 공동체와 가정을 다스리고, 종교의 이름으로 비인간적인 권력을 행사하는 이런 힘의 행사가 아니라 자신을 우리의 정황과 필요와 이해력에 "순응하시는" 하나님으로 말미암아 하나님의 아들이 순종하여 낮아지심으로 세상에 발휘되는 능력인 것을 의미한다(존. W. 드그루시, 2008, 163).

정신 건강 보호자로서 목사를 위한 루터의 십자가 신학의 모든 장점에도 불구하고, 이 루터의 십자가 신학 또한 한계가 있다. 루터는 구원이나 하나님의 부재(God's absence)에 대한 개인적 의심을 더욱 염려했다. 그는 구원의 확신이라는 면에서 절망과 무력감에 대한 답을 찾으려고 애썼다.

따라서 그의 초점은 몰트만이 지적한 바와 같이 사회가 초래한 인간의 고통에 관한 것이 아니었다. 또한, 루터가 성령의 능력을 언급하고 있음에도 불구하고 부활과 변혁(transformation)의 힘으로부터 생성된 승리가 고통 속에 있는 사람들을 계속 살아가도록 견디게 하는 것에는 큰 관심을 가지지 않고 있었다(Jun. Dongchan, 2009, 173).

몰트만은 기독교의 현재 위기가 원래 하나님 개념의 위기임을 인식하고, 하나님 개념의 혁명적 변화만이 혁명적 신앙(revolutionary faith)을 낳는다고 확신했다.

> 하나님의 개념을 바꾸기 위해서는 우리가 가진 하나님 개념이 '번영(성공)의 하나님'에서 '상처 입기 쉬운 하나님'으로 그리고 '무감각한 하나님'(an apathetic God)에서 '고통받는 하나님'(a suffering God)으로 옮겨져야 한다. 다르게 말하면, 고통받는 하나님만이 인간의 고통과 불행에 대해 말할 수 있다.

이런 고통받는 하나님의 개념 때문에 몰트만의 십자가 신학은 인간의 고통, 삶의 의미, 힘의 문제(권력의 우상)와 하나님의 동일시 사이의 상관관계를 다룬다(Jun. Dongchan, 2009, 174). 그는 심리적, 사회적 시스템들을 변화시켜 "사람들로 죽음을 향하는 대신에 생을 향할 수 있도록" 하는 요건으로 부활하신 그리스도에 대한 믿음을 언급한다(존. W. 드그루시, 2008, 207).

② **몰트만의 십자가 신학**(Kim, Sunghwan, 2005, 192)

㉮ 십자가의 종말론과 해석학으로 인정받을 수 있는 몰트만의 십자가와 부활의 변증법에서 십자가에 못 박힌 하나님의 개념은 하나님이 고통 가운데 있는 세상과 사랑의 연대(일치)에 관한 중요한 주제를 보여 준다. 그 속에서 십자가와 부활 사이의 모순은 약속(새로운 창조물)과 현재의 현실(고통과 버려짐) 사이의 모순을 야기한다.

그런 의미에서 몰트만의 십자가 신학은 현재 고통받는 모든 사람에게 미래의 생생한 소망과 경건함에 대한 동기를 만들어 줄 수 있다고 말할 수 있다(Louw, 2000a, 113; Gilber, 1999, 177).

㉯ 한편, 십자가 신학에 대한 해석에서 비록 몰트만이 십자가 위에서 하나님의 고통받으심의 사랑을 강조함으로써 인간 고통의 현실과 관련되는 신학을 만들려고 시도하지만, 고통이 종말론에서 단순한 기능으로 작용하는 한 그 함정(고난이 하나님 존재에 필수적 요소임을 시사하는 변증법적 위험성)을 피할 수 없다.

㉰ 따라서 몰트만의 십자가 신학의 가치는 독생자(예수 그리스도)의 고통을 통해 하나님이 어떻게 인간의 고통과 하나님 자신을 진정으로 동일시하는가를 나타내는 그 사실에 있다. 그 속에서 하나님은 역설적으로 무기력하고 버려진 존재로서 보인다.

그런데도 그의 십자가 신학에 대한 관점은 사변(思辨)적인 방식으로 삼위일체 하나님의 실재를 증명하는 데 이용될 위험성을 초래할 뿐만 아니라, 하나님의 초월성(transcendence)과 비하(condescendence) 사이의 균형 잡힌 가교 역할을 제안하지 못한다.

㉱ 그 결과 십자가 신학에 대한 몰트만의 해석은 목회 돌봄에 대한 함축적 의미 측면에서 우리의 다음과 같은 중대한 질문을 불러일으킨다.

첫째, 십자가 신학에 대한 우리의 목회적 해석에서 하나님의 구원적 은혜의 차원을 놓치지 않고 인간의 고통에 대한 하나님의 위로와 동일시를 어떻게 보여 줄 수 있는가?

둘째, 하나님의 위격 구분과 초월성을 부정하지 않고 어떻게 우리의 불행과 고통 속에서 친밀한 하나님의 현존(God's intimate presence)이 강조될 수 있겠는가?

㉲ 특히 헤겔의 변증법(Hegelian dialectic)에서 십자가 신학을 확립하려는 몰트만의 노력은 매우 사변적이 될 수 있다. 좀 더 정확히 말하면, 다음과 같은 구성은 철학적이고 이성적인 구성에 빠질 위험에 처해 있다(Louw, 2000a, 91).

첫째, 성부 하나님은 성자 하나님을 버렸다(정, thesis).
둘째, 성자 하나님은 버림받고 버려짐을 경험했다(반, antithesis).
셋째, 성령의 계속되는 사역으로 하나님이 인류와 동일시하는 메시지가 끊임없이 선포되고 있다(합, synthesis).

우리는 몰트만이 십자가 위에서 하나님의 고통받으심의 사랑을 강조함으로써 인간 고통의 현실에 대한 타당하고 근본적인 해결책을 제공하기 위해 십자가 신학에 대한 해석을 발전시키기 위한 그의 노력에 주목한다.

사실 몰트만은 하나님의 역동적인 실재(현존)와 연민을 분명히 하려고 노력하지만, 고난이 바로 하나님 존재에 필수적인 요소임을 시사하는 십자가 신학의 변증법적 위험성에서 벗어날 수 없다(Louw, 2000a, 97).

비록 몰트만은 하나님의 역동적인 실재(현존)와 연민(공감)을 밝히려고 노력하지만, 이것은 쉽게 신앙의 지식이 설정한 경계를 넘어 사색(사변)하는 철학적 시스템의 희생물이 될 수 있다.

다음으로 십자가와 부활의 신학에 대한 로우의 목회적 해석 속에서 몰트만의 주장에 대한 해법을 찾을 수 있을 것으로 필자는 보고 있다.

실존적 차원에서 인간의 곤경에 대한 로우의 이해는 루터가 다루었던 개인적, 영적 문제들과 몰트만이 다루었던 정치적 억압에서 비롯된 인간의 고통을 포함하지만, 목회적 관점에서 그의 이해는 무기력, 절망, 낙담(자포자기), 불안, 죄의식, 분노를 다루기 위해 점점 더 깊이 나아간다. 이런 이슈들은 외상 돌봄에서 정신 건강 보호자로서 목사가 가진 공감적 피로의 핵심이다.

로우의 모델에서 하나님의 '상처입기 쉬움'과 '신실함'은 정신 건강 보호자인 목사에게 있어 치유와 치료를 이끌어내는 데 중요한 역할을 할 수 있다. 로우에게 있어 하나님의 신실함 개념은 그리스도의 부활에서 하나님이 성취하신 약속들에 바탕을 두고 있다.

하나님께서는 우리를 결코, 버리지 않으시고, 심지어 죽음 이후에라도 항상 우리와 함께하실 것을 약속하셨고, 그리스도의 부활과 성령의 내재(內在, indwelling presence)하심을 통해 자신의 약속을 지키셨다. 우리는 하나님의 신실하심을 바탕으로 하나님께서 주신 은혜의 선물을 값없이 받고, 새로운 정체성을 가지게 되었다. 따라서 우리는 하나님 앞에서 영원히 가치 있는 사람들이다.

더구나 성령님은 이제 우리 안에 내주하시고, 성령의 변화시키시는 능력이 우리 안에서 역사한다. 이와 같은 하나님의 성실하심에 대한 지식은 아픔과 고통 속에 있는 정신 건강 보호자인 목사에게 위로와 소망을 일으킬 뿐만 아니라 "존재에로의 용기"(courage to be)를 가지고 영적 성숙을 위해 의미 있고 목적 있게 살 힘을 줄 수 있다(Jun. Dongchan, 2009, 181).

로우의 십자가 신학에서 하나님의 '상처 입기 쉬움'의 개념은 하나님이 우리를 위해(for us), 우리와 함께(with us) 그리고 우리 때문에(because of us) 고통받으신다는 사실과 관련 지음으로써 정신 건강 보호자인 목사에게 치유를 가져올 수 있다.

게다가 이런 하나님의 상처 입기 쉬움은 정신 건강 보호자인 목사에게 힘의 개념을 재정립하는 데 결정적인 역할을 할 수 있다. 로우는 하나님의 힘을 "은혜"(grace), "자비"(mercy), "종의 정신"(servanthood, 섬김의 정신), "희생"(-sacrifice)으로 해석하고 하나님의 힘을 "하나님의 언약적 만남과 우리의 인간적 불행에 대한 은혜로운 동일시와 밀접하게 연결되는 힘"으로서 인식한다. 이런 하나님의 상처 입기 쉬움은 정신 건강 보호자로서 목사가 성취와 경쟁, 권력, 지배와 통제의 태도(망령)를 포기하는 데 도움을 줄 수 있다. 그 대신에 하나님의 상처 입기 쉬움은 정신 건강 보호자인 목사가 소명과 공감(연민) 그리고 희생을 위해 살아가도록 이끌 수 있다.

그런 점에서 로우의 십자가 신학은 목사의 실존적 삶의 이슈들과 공감적 피로의 원천으로서 권력에 대한 문제를 다룰 뿐만 아니라, 루터와 몰트만의 신학을 보완하는 데 활용될 수 있다.

③ 로우의 십자가와 부활 신학(Louw, 2000a, 112-116, 155-167; Kim, Sung-hwan, 2005, 196)

㉮ 로우의 십자가 신학은 죄에 관한 하나님의 형벌과 심판뿐만 아니라 하나님의 상처, 사랑, 존재, 연민과 연대(일치)의 입증(demonstration)을 선언한다.

㉯ 중보자(仲保子)안에서 하나님의 신성과 인성 모두는 고난에 관여된다. 로우(Louw, 2000, 12)는 그리스도의 대제사장으로서의 고난받으심의 이유로 하나님께서 고난 가운데 계심을 말할 수 있다고 주장한다.

㉰ 십자가 위에서 그리스도의 죽으심은 고통에 대한 승리를 보여 준다. 로우(Louw, 2000, 112)는 예수의 대리적 죽으심은 죄를 없애고(칭의) 성령의 내주하심 때문에 전인(全人)이 새로운 구원의 상태(성화)에 참여하도록 한다는 것이다.

㉱ 그리스도의 화해 사역과 하나님의 자비, 은혜가 모두 통합된 로우의 십자가 신학은 우리가 고통 속에서 의미를 발견할 수 있는 소망을 제공할 수 있을 것이다. 로우에 따르면, 십자가 신학은 인간의 실존적 질문들과 삶의 불안, 절망, 부조리, 목적이 없음과 무의미함과의 투쟁에 대한 해답을 제공한다. 따라서 로우(Louw, 2000, 113)에게 있어서 십자가는 단지 우리의 죄와 하나님의 사랑에 대한 지식(지적 사색, noetic)의 원리일 뿐만 아니라 새로운 존재로서의 인간에 대한 실존(존재, ontic)의 원리이기도 하다.

㉲ 특히 로우(Louw, 2000, 113)는 하나님의 약하심(weakness)이 힘의 표시(a sign of power)가 되는 한에서는 십자가 신학이 하나님에 대한 우리의 이해를 재구성한다고 주장한다. 그러므로 로우에게 있어서 신학적 십자가

(theologia crucis)의 관점에서 하나님의 방식은 상처 입기 쉬움과 상처로 드러난다.

④ 십자가 신학 평가

십자가 신학은 기회주의적 실증주의(opportunistic positivism)와 값싼 기독교 승리주의(cheap Christian triumphalism)의 입장 안에서 신학을 구성하는 것을 허용하지 않는다(Louw, 2000a, 115).

㉠ 십자가 신학은 하나님께서 진정으로 그리스도를 단순히 기능적으로가 아니라 실체적 방식(ontic way)으로 죄인의 자리에 두셨음을 나타낸다(Louw, 2000a, 115-116).

㉡ 십자가 신학은 그리스도 안에서 하나님의 약속이 성취되었고 창조가 그 목적대로 되돌아왔다는 것을 나타낸다. 영광(doxa, 송영), 찬양과 예배를 통한 하나님과의 교감(Louw, 2000, 155).

㉢ 십자가 신학은 그리스도의 부활에서 이 성취가 새로운 약속이 되어 새로운 현실의 틀, 즉 종말론적 구원의 틀 안에 창조를 배치한다는 것을 나타낸다. 이것은 삶이 불안에서 소망으로, 무(nothingness)에서 종말론으로, 죽음에서 부활로 급진적으로 변화되었다는 것을 의미한다. 특히 성령의 사역으로 새롭게 변형되고 부활한 이 생명은 매일 소망, 사랑, 평화의 형태로 실현될 수 있다(Louw, 2000a, 155).

㉣ 그리스도의 부활이라는 관점에서 역사는 목적론적 성취(teleological accomplishment)가 된다. 즉 도래하는 하나님 나라의 평화(샬롬)에 의해 만유(萬有)를 치유(Louw, 2000a, 155)한다.

㉤ 십자가 신학은 죽음을 둘러싼 불안 속에서 죽음을 이기는 승리를 약속하고 생생한 소망을 심어 준다(Louw, 2000a, 156).

㉥ 십자가 신학은 우리가 투쟁과 고통 속에서 부활의 힘과 부활의 생명의 참여자가 될 수 있게 한다. 하나님과 교제하며 산다는 것은 곧 성령에 의해 권한을 부여받아 살아가고 인간관계를 맺을 수 있게 된다는 것을 의미한다. 하나님과 교제하며 산다는 것은 영성적 존재로서 인간을 말하고 있는데, 이는 성령의 재창조 결과로서 인간의 영은 하나님 사랑에 반응하고 응답하며 그리스도 안에서 새로운 종말론적 삶의 차원에 초점 맞추고 살아가는 존재를 말한다. 즉 자신과 타인과 하나님에 대한 새로운 인식과 지식 가진 존재이다.

영성적 인간은 성령의 내주 때문에 타인에 대한 돌봄과 민감성이 있다. 과거 목회신학에서 오직 구원론과 기독론에만 의지해 인간을 이해하려는 위험성이 있었다. 다른 말로 하면 기능적 기독론이다. 신학적 인간론의 출발점은 이제 죄로부터가 아니라 하나님의 은혜와 승리라는 적극적인 측면에서부터 출발해야 한다.

㉦ 십자가 신학은 생명의 신뢰를 회복하고 안전을 제공하는데, 이는 우주 전체뿐만 아니라 존재의 모든 차원 가운데서 살아 계신 하나님을 경험할 수 있는 새로운 해석학을 열어 주기 때문이다. 인생은 하나님의 은혜를 구현하고 사랑을 구체화하는 기회가 된다(Louw, 2000a, 156).

㉧ 십자가 신학에 비추어 고통 속에서 목회 돌봄은 부활의 삶에서 나오는 사역이 되고 부활의 생생한 소망뿐만 아니라 종말론에 대한 징후와 은유가 작용하는 구체화하고 실현하는 사역이 된다(Louw, 2000a, 156).

㉋ 십자가 신학은 고통 없는 소망뿐만 아니라 값싼 실증주의와 피상적 행복감을 추구하는 영광의 신학과 연계해 이해되어서는 안 된다(Louw, 2000a, 157-158).

㉌ 십자가 신학은 하나님에 대한 역동적인 이해와 고통 속에서 의미를 발견하기 위한 해석학적 지평뿐만 아니라, 의미에 대한 추구 즉 변혁, 자유와 해방, 비전, 상상과 미래, 증인, 신실함, 지지, 위로와 진리 같은 측면에서 목회적 유익을 제공할 수 있다(2000, 160-167). 다시 말해서 하나님과 인간 사이의 관계는 존재론적 관계라기보다는 역동적 관계, 즉, 하나님이 말씀에 대한 믿음과 순종의 관계인 은혜와 감사의 관계성을 가리킨다.

(6) 공감적 피로 예방의 나선형 모델(Spiral Model)의 요약

공감적 피로 학자들은 정신 건강 전문가들이 단지 그들이 배우기 위해 노력한 바로 그 기술을 연습하는 것만으로 공감적 피로를 경험할 수 있는 잠재적 위험에 처해 있다고 생각한다. 이런 위험에 대해 해당 분야의 새로운 전문가를 교육하고 예방 조치를 갖추어(Craig & Sprang, 2010, 319-339) 내담자들에게 적절히 봉사하고 생산적인 상담 경력을 경험할 수 있도록 할 필요가 있다(Julie, 2011, 5).

결론적으로, 목회 돌봄에서의 공감적 피로 관리는 노하우(Know-how)에 관한 것이 아니라 이해(understanding)에 관한 것이다. 대처 기제들(coping mechanisms)은 공감적 피로의 역학에 대한 이해에 기초해 개발된 전략들이다. 고통 속에서 공감적 피로의 상호작용 역학관계의 네트워킹에 대한 이해는 공감적 피로에 대한 자신의 기본적인 입장과 태도를 변화시키고 적응하는 데 있어 도움이 된다(Louw, 2005, 97).

따라서, 우리는 외상 돌봄과 영성에 있어 공감적 피로의 가능한 파괴적인 영향으로부터 내담자를 예방하기 위해 설명적이고 형이상학적인 접근에서 해석학적 접근으로의 패러다임 전환이 필요하다.

사람들은 흔히 고통(병)을 줄일 수는 없지만, 그들은 고통(병)에 대한 그들의 태도와 기질(성향)을 변화시킬 수 있다. 그런 변화는 그들 자신의 성숙도와 성숙의 질, 믿음의 내용, 규범적 틀 그리고 지원 시스템(support system)에 달려 있다.

다른 말로 하면 그 사람의 성숙의 질, 그 사람의 신념(믿음) 체계의 내용, 삶의 규범적 체계 그리고 그들의 가치 시스템, 관계성에 대한 성숙(예를 들어, 자기 자신과의 관계, 그들의 동료, 가족, 동료집단, 자연과 환경과의 관계, 문화에 대한 관계 그리고 하나님과의 관계 성숙도)에 관한 것이다.

나선형 모델이 의미하는 것은 인간은 고통과 아픔(suffering and pain)에 대하여 의미 있게 반응할 수 있다는 것이다. 의미 있는 인생을 살기 위해 절대적으로 필요한 것은 공간인데(space), 그 공간에서 역동적인 네트워크(dynamic network)로서 기능하고 하나님의 은혜에 노출되도록 하는 상호관계성의 체계이다.

이런 위치(positions: 태도, 기질, 성향)의 질은 치유, 변화, 성장의 과정을 향상하는 데 중요한 역할을 한다. 모든 인간의 문제들은 역기능적 성격, 인격(personality)만 필연적으로 관련된 것이 아니라 시스템 내에 있는 역기능적 위치(dysfunctional)와 적절하지 않은 존재의 기능(inappropriate being-function)과 관련이 있다. 시스템 내에서 사람의 지위, 위치는 변화되어야만 한다.

왜냐하면, 고통에 대한 치유는 성격(personality)뿐 아니라 시스템 내에 있는 위치 변화와 관련이 있기 때문이다. 체계적이고, 관계적이며 그리고 해석학적 모델로서의 나선형 모델은 사람들에게 새로운 목적을 세우고, 소망에 관한 새로운 과정을 도입한다.

다르게 말하면, 하나님의 은혜가 특수한 사회적, 역사적 상황 안에 있는 우리의 일상적 삶과 관련해 하나님 말씀을 통해 우리에게 미치는 것이라면, 하나님 은혜에 노출된 위치 변화는 필연적으로 그런 상황하고는 물론 그런 상황 안에 있는 우리 삶의 지위나 사회적 지위하고도 관련하게 될 것이다.

인생에서 모든 문제는 해결되는 것이 아니다. 즉, 고통에 대한 위기 관리(crisis management)는 고통스런 인생 경험에 대한 빠른 문제해결(quick fix)과 쉬운 해답에 관한 것이 아니다. 많은 문제는 해결되지 않고 그 문제와 함께 살아야 한다. 비록 많은 문제가 해결되지 않고, 인생의 우연적 사건(happenstance)을 통제하지 못할지라도, 사람은 고통에 대한 반응과 태도를 참으로 변화시킬 수 있다.

위기에 대한 메커니즘을 이해하는 것은 통찰(insight)에 관한 이성적 분석 또는 인지적 입장에 관해 말하는 통찰이 아니라, 지혜(wisdom)에 관한, 즉 "왜?"(why?)에 관한 질문 대신에 "무슨 목적 때문에?"(For what purpose)에 대한 질문을 유지하는 능력에 대한 진정한 인식이다.

이 질문 "무슨 목적 때문에?"(For what purpose?)의 질문은 사람이 위협당할 때 가장 기본적 실존적 질문들에 대해 인식할 때에만 이런 의미에 대한 질문을 제기할 수 있다. 고통에 대한 실존적 문제들(existential issues)은 불안, 죄책감, 절망 그리고 무력감이다. 고통에 대한 무력감은 돌봄, 상담 그리고 공감에 대한 필요를 언급한다.

이 부분은 지원체계 곧 "영혼의 가드(soul guard) 또는 영혼의 동반자(soul-mate)"로서 그리스도의 몸 안에서 믿는 자들의 교제는 고통 속에서 지원체계로서의 기능을 해야만 한다. 교회의 코이노니아(교제) 내에서 상호 간 돌봄의 공간은 공감(empathy)과 동정(sympathy)의 수단에 의해 만들어진다.

이 연구에서의 체계적이고 관계적이며 해석학적인 모델로서의 나선형 모델은 다섯 가지 구성 요소를 가지고 있다.

첫째, 공감적 피로 관리평가에 대한 해석학적 접근(설명 모델에서 해석학적 접근으로 패러다임 전환)
둘째, 공감적 피로의 영적 충격에 대한 신학적 차원들
셋째, 신정론(Theodicy)과 고통(공감적 피로:CF)
넷째, 하나님의 파워(power, 전능〈omnipotence〉)와 해석학적 접근에 있어 공감적 피로에 대한 하나님의 연대(solidarity, 일치: 연민〈pathos〉)
다섯째, 십자가 신학(A theological of the cross: 공감, 연민)

나선형 모델의 다섯 가지 요소에 대한 목회적, 신학적 이해는 정신 건강 보호자인 목사 자신이 수행하는 목회 돌봄에서 관여의 한계를 받아들이고, 그들이 돕는 희생자들을 위해 제공하는 돌봄의 질을 높이는 데 도움을 줄 수 있다는 것이다. 또한, 나선형 모델은 정신 건강 종사자인 목사가 하나님 이미지를 건설적이고 의미 있는 것으로 개발하고 성경의 약속들을 통해 신앙을 강화하고 능력을 부여하기 위해 아래와 같이 4단계 과정을 제시하고 있는데 이 과정의 목적은 인식과 관점을 변화시키는 데 중점이 있다.

	1단계	2단계	3단계	4단계
목적	・신뢰 형성 ・자기 통찰 ・자기 노출	・문제분석 ・의역 ・정보통합 ・관점 개발	・책임감 있는 행동 결정하기 ・목표 설정 ・프로그램 만들기	・성경의 유기적 (조직적) 사용 ・의미 발견 ・소망 일깨우기 ・신앙 성숙
인간론	정의적 (정서: feel)	인지적 (사고: think)	의지적 (행동: do)	규범적 (믿음: believe)
인간 기능	경험	반성	결정, 행동	믿고, 소망
반응	공감, 지지, 탐색	해석, 진단, 질문, 정보	도전, 직면, 정보	신앙 세우기, 능력 부여
기법 1	・개인 기질 파악 ・문제보다 사람에 관심 ・공감 중요	・사고(think)내용 중요(영향 끼친) ・불합리한 사고 제거 ・인식 변화	단기목표: ・문제 서술 (의견 일치) ・자원 분석, 계약, 목표 설정, 강화, 보상, 숙제, 우선순위 프로그램 작성(동심원 구조)	장기목표: ・기도, 성경, 성례전 (세례, 성찬) 사용 ・약속 치료, ・신앙 잠재력 적용 (신앙을 삶의 문제에 적용), ・삶의 의미 부여
기법 2	・듣기 기법 ・감정 반영 ・신뢰 접촉	・사고, ・문제 분석	・행동	・믿음 ・신뢰(규범)

〈표 7 나선형 모델의 4단계 과정〉

제4장

외상 돌봄에서 정신 건강 보호자로서의 목사
(Pastor as a Mental Health Caregiver in Trauma Care)

1. 외상 돌봄에서 정신 건강 보호자로서 목사의 역할

고통의 문제는 정신 건강 보호자인 목사가 곤경에 처한 사람들을 돌보는 데 관련됨에 있어 매우 중요하다(Louw, 2000a, 11). 고통의 문제는 하나님의 은혜와 연민(공감)의 신비를 가진 정신 건강 보호자인 목사가 직면하는 것이다. 이것이 의미하는 것은 고통의 질문으로 심각하게 씨름하는 목사는 신학적 이슈를 외면할 수 없다는 뜻이다.

이런 질문들과 그들이 품고 있는 의미를 탐구하는 과정에서 목사는 외상 생존자들의 고통을 완화하고 생존자들의 신앙 자원의 맥락에서 자신의 경험을 이해할 수 있도록 돕는 데 있어 하나님의 대사이자 소망의 대리인(God's ambassador and an agent of hope)으로서 필수적인 역할을 하게 된다(Capps, 1995, 3). 효과적인 목회적 존재가 되려면 목사는 고통에 대한 자신의 신학과 그 신학이 외상적 사건들과 관련된 신정론을 탐구할 필요가 있다(Dalene, 2002, 32).

거킨(Gerkin, 1986, 101)은 목사가 지휘하거나 지시할 권한은 없으나 고통을 겪고 있는 현대적 상황의 모든 방식을 명확히 하고, 해석해 사람들을 인도할 권한은 가지고 있다고 주장한다. 사실 목회(pastoring)는 세상에서 가장 어려운 직업 중 하나일 수도 있다. 목사는 결점이 많고 타락한 인간들에게 적극적이고 현명한 목자로 불리지만, 설상가상으로 목사 역시 죽을 운명의 인간으로서 불완전하기에, 양 떼(성도들)가 제시하는 모든 문제와 상황을 이해하고 도울 수 있는 능력이 자연히 제한된다.

지역교회에서 설교하고, 가르치고, 복음을 전하며 행정을 하는 일반적 사역에 더해 목사는 가장 광범위한 문제 상황들과 개인적 고통들을 가지고 그들을 찾아오는 남녀 성도들을 상담하는 데 많은 시간을 할애하기 쉽다(Johnson & Johnson, 2001, 1).

정신 건강 보호자로서 목사는 그들에게 의지하는 사람들에게 책임이 있는데, 이는 목회 돌봄이 명확한 경계를 유지하고, 그들의 한계를 인정하며, (전문가의 도움을 받을 곳으로) 적절한 위탁을 할 뿐만 아니라 악, 고통, 구원의 신학을 성찰하고 발전시키는 데 시간을 보내기 때문이다(Dalene, 2002, 55).

목사는 폭력적이고 끔찍한 사건을 목격했던 사람들에게 목회적 지원과 돌봄을 제공하도록 요청받을 수 있다. 목사가 개인적 문제들을 가진 교회 구성원들을 돕는 것을 얼마나 즐기든 즐기지 않는지에 상관없이, 사람들이 고통을 경험하고 도움을 청하기로 했을 때 40퍼센트가 그들을 목회하는 목사에게 먼저 가는 것으로 조사 자료는 보여 준다. 그 결과 비록 많은 목사가 정서적, 행동적 문제들을 평가하고 치료하는 데 있어 비교적 공식적 훈련을 거의 받지 않았다고 보고하고, 그래서 교구 성도들이 제시하는 어떤 문제들을 다루는 데 있어 준비가 부족하다는 것을 느낀다고 흔히 말할지라도, 보통의 목사는 상담하는 데 있어 그들의 시간을 10퍼센트에서 46퍼센트를 소비한다고 보고하고 있다(Johnson & Johnson, 2001, 1).

이런 끔찍하고 폭력적이고 외상적인 사건들에 직면했을 때, 정신 건강 보호자로서의 목사는 그 자신이 치료과정에서 듣고 경험하는 것에 의해서 정신적 외상(CF)을 초래할 수 있다. 다른 사람들에게 일어나는 비극적인 사건을 목격하고 그래서 그것을 막지 못한 것에 대한 강한 죄책감과 책임감에 고통을 받는 개인들처럼 정신 건강 보호자로서 목사는 "생존자 죄책감"(survivor guilty)에 직면한다(Niederland, 1981, 420; Figley, 1995, 132).

즉, 정신 건강 보호자로서 목사는 내담자(성도)의 외상 경험의 내용뿐만 아니라 도움이 필요한 모든 사람을 섬기지 못하는 그들의 무능(inability)에 의해서도 정신적 외상을 초래할 수 있다(Figley, 1995, 139).

외상을 당한 희생자(sufferer)와 상담한 결과 정신 건강 보호자인 목사는 공감적 피로의 "공감 스트레스"(compassion stress)를 경험하게 된다. 공감 스트레스는 환자의 고통 노출과 관련된 스트레스로 정의된다. "공감 능력"은 타인의 고통을 알아차리는 능력으로 정의된다. 특히 공감 능력은 정신 건강 보호자(목사)로서 조력자(도우미, helper)의 역할을 선택하도록 이끄는 것이 특징인 경우가 많다. 이 능력은 결국 정서적 전염에 대한 자신의 민감성과 연결되어, 환자에 대한 노출의 상관 요소로서 환자의 감정을 경험하는 것으로 정의된다(Figley, 1995, 252).

외상 사건들은 대부분 사람이 결코, 경험하지 않는 이례적이면서 종종 재앙적인 사건이다. 외상적인 상황에서, 사람들은 자신이나 다른 사람들에게 죽음이나 심각한 상해가 임박했다고 믿는다. 외상이 진행되는 동안 그 사람은 당연히 두려움, 무력감, 또는 공포로 반응한다(Johnson & Johnson, 2000, 42). 목회 돌봄에서 일어나는 외상적 사건들은 사람들에게 신체적, 심리적, 영적 영역에서 통제감, 관계성 그리고 의미감을 부여하는 평범한 돌봄 시스템을 압도한다(Dalene, 2002, 2).

그러므로 외상 생존자들은 하나님에 대한 믿음을 잃어버릴 수도, 창조에 대한 경외감과 경이로움이 부족할 수도 있다. 그들은 인간의 친절(덕)과 그 외상적 사건과 관련된 기관이나 사람들의 진실성을 부인할 수 있다. 영적 손실 역시 미래에 대한 소망의 부족, 신뢰의 상실, 더 이상 온전한 사람이 아니라는 느낌, 자발적이고 낙관적으로 반응할 수 없는 무능력 그리고 아이 같은 순수함의 상실이 반영될 수 있다.

따라서 목회 돌봄에서 공감적 피로에 대한 목사의 역할은 피해자들이 정신적으로 외상을 받기 전에 삶의 의미를 부여한 영성을 발견하도록 돕고, 상처받은 사람으로서 그들이 가진 새롭게 수정된 관점들과 이해로부터 영성을 재창조하도록 피해자들을 안내하는 것이다(Dalene, 2002, 19).

목사의 반응과 지지는 사람이 영적 건강의 수준을 한층 더 높임으로서 위기를 헤쳐 나갈 수 있도록 할 수 있다. 왜냐하면, 고통 가운데 있는 모든 위기는 핵심에서 영적인 것이기 때문에 모든 위기는 삶의 가치, 목적, 의미에 대한 반영을 요구할 문제들을 수반한다. 목사가 제공해야 할 가장 중요한 것 중 하나는 삶은 의미와 아름다움과 소망이 있다는 것을 의사소통하는 관계이다(Dalene, 2002, 66).

역동적 나선형 모델에 의하면 내담자(환자)의 성숙함의 질과 자기 자신과의 관계성의 질, 그들의 동료 가족, 환경, 문화 그리고 하나님과의 관계의 질이 영적 건강의 수준을 좌우하는 결정적인 것이 된다. 영적 건강에 대한 이런 규범적 요소는 질환(병)이나 건강 자체에 초점을 두는 것이 아니라 성숙함에 중점을 두어야 한다는 의미이다.

목회적으로 말해서 우리는 우리가 믿음의 자원을 활용하여 삶에 의미를 부여할 수 있을 때 우리는 건강하다고 말할 수 있다. 이것은 또한 다음을 의미하는데, 성숙한 믿음의 행동은 의미 있는 삶을 가능하게 하시는 하나님에 대한 확실한 이해를 반영한다.

영적 건강은 '믿음 안에서의 성숙'을 의미하는데, 믿음 안에서의 성숙(maturity in faith)은 다음과 같은 요소들이 포함된다.

① 그리스도 안에서 구원의 표시(언행으로 구원을 증명, 믿음으로 그리스도와 동질화).
② 진리의 내면화 수준.
③ 그리스도인 믿음의 규범적 차원(즉 사랑).
④ 믿음 안에서 성숙은 성화-종말론적 긴장의 과정이다(이미와 아직 사이).
⑤ 부활 소망의 기능은 의미 있는 행동의 목표를 가져온다.
⑥ 협력적 개념(은혜의 코이노니아 요소: Koinonia component).
⑦ 행동으로 표현되는 사랑(은혜의 섬김의 요소).

정신 건강 보호자인 목사는 왜 하나님이 고통스러운 외상적 사건들이 일어나도록 내버려 두시는지에 대한 유일하고 솔직한 대답은 우리는 모르는 것이라는 사실을 기억하는 것이 중요하다. 그러나 우리는 지금 하나님의 종(일꾼)으로서 보살피고 온화하고 자상하며 동정심과 이해심이 있고 편협한 판단을 하지 않는 행동을 함으로써 이 사람의 삶에 변화를 가져올 수 있다.

외상 돌봄에서 기독교 정신 건강 보호자로서 목사는 고통 속에서도 십자가와 하나님의 사랑하시고 구속하시는 현존(God's loving, redemptive presence, Dalene, 2002, 35), 부활 그리고 영성과 하나님 이미지를 통해 내담자(피해자)들에게 소망을 줄 수 있다.

고통받는 이들에게 사역하는 목사는 정신 건강을 돌보는 사람으로서 이 생생한 소망과 부활의 관점이 고통을 완전히 소멸시키지 않는다는 것을 항상 명심해야 한다. 그러나 이 소망과 부활의 관점은 모든 악과 고통에 대한 하나님의 최후 승리에 대한 소망을 제공하고, 그로 인해 고통을 극복하고 불의에 맞서 싸우는 기독교 실천(Christian praxis)에 대한 주도권을 또한 제공한다(Louw, 2000a, 114).

2. 외상 돌봄에서 목사의 하나님 이미지(God-Image of Pastor in Trauma Care)

고통 속에서 공감적 피로의 영적으로 그리고 해로운 충격들로부터 피해자들을 예방하기 위해 목사가 가지고 있는 하나님 이미지를 확인하고 평가하는 것은 중요하다. 그러나 목회 돌봄에서 하나님 이미지는 문화적 개념, 교회적 고백과 신조(dogmas), 철학적, 인류학적 개념에 관한 질문들이 중요한 역할을 하는 복잡한 문제이다(Louw, 2000a, 48). 이것은 하나님을 확실하고 의미 있게 사람들에게 전달할 수 있는 하나님에 대한 순수하고 올바른(정통적), 최종적 하나님 이미지가 존재하지 않는다는 것을 의미한다.

그러므로 질문은 그것이 하나님의 좋은(good) 개념인지 나쁜(bad) 개념인지, 옳고(correct) 그른(erroneous) 개념인지 아닌지가 아니다. 신학적 개념은 결코 도덕적 방식으로 분석되고 평가되어서는 안 된다. 옳고(right) 그름(wrong)의 의사소통에는 분노와 죄책감이 포함되는데, 두 가지 모두 외상적 스트레스와 관련하여 일반적으로 언급된다(Figley, 1995, 41). 문제는 오히려 하나님의 어떤 이미지가 어떻게 다양한 성경적 은유(scriptural metaphors)와 삶의 체험과 연관되어 있는가이다.

따라서 목사와 교구 성도들 모두 문제 있는 하나님 이미지(the problematic image of God)를 가지는 것이 가능하고 그 문제 있는 하나님 이미지는 역기능적인(dysfunctional) 또는 병리적인(pathological) 신앙 행동을 일으킬 수 있다(Louw, 2000a, 49).

신앙 병리는 부적합한 하나님 이미지가 이기적 목적들과 위선적 결과들과 연결되었을 때 발생한다.

하나님 이미지에 초점을 둔 목회 돌봄 즉 은혜 심리학은 하나님의 은혜가 인간의 행동과 관계에 어떤 영향을 미치는가를 탐구한다.

즉, 인간 행동에 미치는 은혜 영향을 묘사한다(위장된 형태의 신인 협력설이 아니다). 즉, 심리 기능에 대한 구원의 치료 효과를 포함한다. 은혜가 인간의 심리에 어떤 변력이 일어나게 하는지, 그리하여 신앙의 내용이 인간의 자아와 자존감에 미치는 영향이 무엇인지 살피고, 영적 정체성이 개인적 정체성에서 어떤 역할을 하는가를 묘사한다.

개인의 정체성에 대해 은혜 관점이 주는 기여는 심리적 안정성에 있기보다는 정서적 불안정성과, 옛사람과 새사람 사이에서 분리된 인간의 관심 사이의 갈등을 통합시킬 수 있는 고정된 지향점을 제공한다(하나님의 약속에 근거해서).

인간의 실존적 이슈들에 하나님이 관여하시는 목회적 차원을 전달하는 목회 은유(pastoral metaphor, 하나님 이미지)는 인간의 고통에 대한 하나님의 연민(공감)과 위로의 의미를 강조한다(Louw, 1996, 125).

이점에 있어서 칼빈(Calvin)이 이해한 하나님은 무엇보다도 자신의 창조사역과 구속 사역, 특히 예수 그리스도의 역사적, 개인적 중보사역을 통해 자신의 하나님 되심을 드러내시는 살아 계신 하나님이셨다. 이는 그에게 있어서 하나님이 이신론에서 말하는, 세상에서 동떨어져 존재하는 분이 아니라 세상살이에 직접 관여하시는 분이라는 점을 의미한다(존. W. 드 그루시, 2008, 156).

외상 돌봄에서 외상 후(일차적) 스트레스 장애(PTSD), 이차적 외상 스트레스 장애(STSD:CF) 피해자들과 함께 기도할 때 정신 건강 보호자인 목사는 다음과 같은 하나님 이미지뿐만 아니라 여러 가지 포괄적인 이미지를 활용함으로 하나님에 대한 새로운 이미지를 향한 길을 열 수 있다(Louw, 2000a, 50; 2004, 18; Dalene, 2002, 82).

- 목자(Shepherd): 민감성, 사랑과 자비의 보살핌
- 종/상처 입은 치료자(Servant/Wounded Healer): 화해와 상처: 하나님께서 인간 고통에 동참하심과 그 고통과 동일시
- 지혜/유머(Wisdom/Humor): 인식과 통찰(십자가, 능력, 부활, 지혜 은유는

현실을 재구조화시킬 수 있다), 웃음/유머를 통한 해방(사망아 너의 쏘는 것이 어디 있느냐)
- 보혜사(Paraclete): 지지와 권한 부여(성령의 위로 사역, 그리스도의 정보 사역)
- 친구/동반자/동행자(Friend/Partner/Companion)
- 거룩한 숨결(Sacred Breath)
- 내면의 치유하시는 성령(Healing Spirit Within)
- 생명의 성령(Spirit of Life)
- 무한한 사랑의 근원(Source of Infinite Love)
- 고요한 현존(the Still Presence)
- 모든 생명의 근원(Source of Life)
- 잃어버린 자를 찾는 자(Seeker of the Lost)
- 양육하시는 하나님(Nurturing God)
- 평화의 항구(Peaceful Harbor)

로우(Louw, 2000a, 201)는 "생명을 위한 동반자"(Partner), "친구"(Friend), "동행자"(Companion)라는 하나님 은유가 고통에 시달리고 있는 피해자들에게 생생한 소망을 전하기 위해서는 가장 적절한 것 같다고 주장하고, 필자 역시 외상 돌봄에서 공감적 피로의 유해한 영적 충격에 고통받는 이들에게는 "종/상처 입은 치료자"(Servant/Wounded Healer), "보혜사"(Paraclete), "지혜/유머"(Wisdom/Humor)가 적절한 하나님 이미지가 될 것이라 확신한다.

셀리 맥페이그(Sallie McFague)는 자신의 저서 『하나님의 전형들』(*Models of God*)에서 "하나님 주권"(혹은 군주권)이라는 표현을 하나님에 대한 전형, 예수가 주시라는 천명을 언급하면서 비판한다.

> '우리 하나님은 참 하나님이시고 아무도 대적할 수 없는 전능한 주시며 우주의 왕이시다'라는 말은 우리도 역시 하나님을 대적할 수 없는 존재라는 것을 함축한다. 이것은 강력한 상상적 표현인 동시에 매우 위험스러운 묘사이다.

맥페이그(McFague)는 군주나 주권자로서의 하나님에 관한 이런 이미지는 세 가지 이유에서 위험하다고 보았다.

첫째, 이런 이미지는 하나님을 세상에서 물러나게 해서 멀리 떠나있도록 만든다. 그녀에 따르면 이런 하나님 이미지는 하나님이 '도달할 수 없는' 먼 곳에 있어서 단지 표면적으로만, 세상에 관계하고 있음을 함축한다.

둘째, 이런 이미지는 하나님이 오로지 인간 세계에만 관계하고 있음을 나타낸다. 이것은 우주의 나머지 영역인 자연계를 배제한다.

셋째, 이런 하나님은 완력이나 선심으로 세상을 통제하려는 까닭에 인간의 성숙과 그 책임을 억제하기 쉽다.

그녀는 하나님께서 "주체적인 행위자이시고 그분의 목적이 우주에 표현되어 있다"는 것을 부정하지 않는다. 그녀가 제안하는 논점은 "이런 목적이 표현된 양상이 내재적이고, 숨은 뜻으로는 섭리적(곧 '돌봄의' 관계를 반영하는) 성격을 띠고 있다"는 사실에 있다. 맥페이그가 논하고자 하는 쟁점은 하나님 이미지 '왕'은 이런 돌봄의 관계성을 무시하며 부적절하게 기능하게 된다는 데 있다.

하나님은 세상에서 물러나서(세상을 '하나님의 몸'으로 보는 그녀의 비유를 사용하면) 세상 안에서가 아니라 그 밖에서 역사하신다. 따라서 "하나님 주권"은 인간관계에 있어서만 아니라 환경과의 관계에서도 파괴적인 하나의 비유이다. 그러므로 이런 하나님 주권, 전능에 관한 이미지를 표현하는 교리는 해석학적으로 변경될 필요가 있다.

특별히 개혁주의 신론이 하나님의 주권과 우리의 책임 사이의 관계, 정의와 자유를 위한 투쟁에서의 하나님의 역할과 우리 자신의 역할 사이의 관계 그리고 세상에 대한 하나님의 관심과 우리의 책임 사이의 관계를 각각 이해하는(해석학적 과제) 숙고가 필요하다(존. W. 드그루시, 2008, 152-153).

여기서 적절한 하나님 이미지들은 도덕적 기준으로 옳고 그름, 맞고 틀림의 의미가 아니라 고통에 있어 하나님 이미지들은 내담자(피해자)에게 더욱 건설적이고 목적 있는 행동을 촉진시키고 희망을 주입하고, 결국 치료적 효과에 기여하는 의미에서의 적절성이다.

후드(Hood, 1989, 336)는 하나님 이미지들이 신학적이고 존재론적인 관점에서 적절히 조사될 수 있다고 믿는다. 한편, 하나님 이미지에 관한 많은 연구자가 이런 이미지들이 내부적으로 구성되고 경험되며 또한 하나님의 외적 실재(the external reality of God)에 대한 어떤 존재론적 질문과도 분리되어 있다는 가정을 일관되게 반영하고 있다.

이 견해에 따르면, 쿤켈(Kunkel, 1999, 194)은 사람들이 의식적으로 어떻게 하나님을 해석하게 되는지에 대해 관심을 둔다는 의미에서 하나님 이미지를 연구하는 것이 현상학적으로 적절하게 표현될 수 있으며, 개인이 가지고 있는 하나님 이미지에 대한 구성이 외부 현실에 어떻게 대응하는지에는 비교적 무관심하다고 주장한다.

마찬가지로 '신학적'-논리적 분석('theo'-logical analysis)은 하나님의 본질을 반영하는 그분의 속성(성품, His characteristics)이라는 관점에서 하나님의 존재를 평가하는 것이 목적이 아니라 구체적인 상황들 속에서 목사가 하나님을 경험하는 것과 연관된 목사의 하나님에 대한 이해도를 평가하는 것이 목적이다.

비록 하나님 이미지들을 평가하는 것이 매우 복잡할지라도, 궁극적인 목표는 정신 건강의 보호자로서 목사가 자신이 처한 상황 속에서 자신의 신학적 패러다임을 적절히 재구성(reframe)할 수 있도록 돕기 위해, 목사가 하나님을 어떻게 보는지를 결정하는 것이어야 한다.

따라서 상담에서 은유적 모델(metaphorical model)을 활용하고 적용하면서 다음과 같은 지침이 고려되어야 한다(Louw, 1996, 114, 121; 2000a, 48-49).

① 목사 개개인은 하나님의 고유한 이미지(a unique image of God)를 가지고 있는데, 이는 그들 자신의 하나님에 대한 경험과 개인적으로 하나님이 자신에게 의미하는 바를 반영한다. 목사와 교구 성도 모두의 하나님에 대한 이해는 주관적이고 실존적인 요인들에 의해 영향을 받는다.

② 목사의 교회 전통과 신조(dogma)는 목사가 가지고 있는 하나님 이미지를 평가함에 영향을 미친다. 예를 들어, 다음과 같은 것들이 가능하다.

첫째, 하나님을 드러내고 선포하는 것에 중점을 둔 개혁적 하나님 개념(a Reformed concept of God)

둘째 성육신한(화체) 하나님(incarnated God)을 강조하는 로마가톨릭과 앵글로색슨의 하나님 개념(a Roman Catholic and Anglo-Saxon concept of God)

셋째, 고통받는 하나님을 강조한 루터파의 하나님 개념(a Lutheran concept of God)

넷째, 해방하는 출애굽 하나님을 강조한 제3세계 하나님 개념(a Third World concept of God)

③ 목사는 교구 성도 개개인이 지닌 하나님 이미지에 대해 대단히 민감하게 소통해야 한다. 여기서 특별히 요구되는 것은 보류(유보)와 과묵함이다. 하나님에 대한 담론(談論, discourse)과 은유(metaphor)가 매우 다양하기 때문에 목사는 교구 성도 개개인이 지닌 하나님 이미지가 독특하고 고유하다(unique)는 것을 깨달아야만 한다. 개인이 지닌 하나님 개념을 바꾸는 것은 극도로 고통스럽고 충격적인 일이 될 수 있기에, 이 작업을 한다 하더라도 매우 민감하고 주의 깊게 수행되어야 한다.

④ 이제 목회적 진단(pastoral diagnosis)으로 눈을 돌리면, 우리는 목회적 진단의 독특한 특성들을 볼 수 있을 것이다. 목회적 진단은 도덕적 측면에서 평가되어서는 안 된다. 목회적 진단은 신앙의 특성에 관한 자료의 통합에 초점을 맞춘 정보의 역동적인(dynamic) 해석 과정으로 이해될 수 있다(Louw, 1998, 133).

로우에게 있어 목회적 진단은 하나님 이미지와 삶의 궁극적 의미란 점에서 신앙의 평가에 관한 것이다. 게다가 그는 목회적 해석학이 신학 이론에서 경험적 차원을 인정함 없이는 거의 기능하지 못할 것이라고 믿을지라도 경험적 차원이 목회신학으로 각색될 때, 목회 돌봄이 검증 가능한 사실을 가진 단순한 경험적 사건으로서 이해함으로 구원의 종말론적 특징을 부정하는 위험이 존재할 것이다(Louw, 1998, 87).

스티븐(Steven, 1998, 81)은 목회적 진단을 교회 사역이라는 맥락 안에서 다른 사람의 걱정과 관점(견해) 그리고 인생 이야기를 이해하는 예술로 정의한다. 목회적 진단의 목적은 목회 돌봄이 필요한 사람들에게 더욱 정확한 돌봄을 제공하기 위한 것이라고 주장한다. 그에 따르면 목회적 진단은 목사가 곤경에 처한 사람에 대한 보다 심오한 이해를 얻을 수 있게 하며, 이는 자신과 타인 그리고 하나님과 관련된 개인의 방향성과 가능성을 밝혀 준다.

그동안 목회적 진단/평가는 인류학적 자료의 범위 내에서 신앙과 이 신앙의 적용 분야 사이의 상호작용에 초점을 맞췄기 때문에, 이 목회적 진단/평가는 목사의 신앙 언어 속에 서로 얽혀 있었다(Louw, 1998, 300). 하나님에 대한 믿음에 의해 목사가 의미하는 것이 무엇인지 그리고 구체적인 상황에서 목사가 이것을 어떻게 적용하는지를 정확히 판단하기 위해서는 목사의 신앙 은유를 분석하고 이해하는 것이 가장 중요한 과제다.

로우는 목회적 진단은 신앙과 삶, 하나님 이미지와 자기 이해 그리고 성경적 진리와 실존적 상황 사이의 연결고리를 확립하기 위해 조직화(organizing), 요약(summarizing), 해석(interpreting)에 중점을 둔다고 믿는다. 실제로 로우는 목회적 진단과 분석을 구분한다.

목회적 진단은 신앙의 과정(process)과 방식(mode), 의의(significance) 등을 고려하는 반면에 목회적 분석(pastoral analysis)은 성숙한 신앙의 발전에 역할을 하는 보다 구체적인 요소에 불과하다.

로우에게 있어 목회적 진단은 단순한 기능적 접근법보다는 오히려 더 실질적인 접근법과 관련이 있는 것 같다. 그러나 로우는 실질적인 접근법은 기능적 접근법으로 보완되어야 한다고 주장한다(Louw, 1996, 118).

결론적으로, 목회적 진단의 고유성은 실존적 차원에서 개인의 신앙을 더 평가하기 위한 목적으로 종말론적 관점에 비추어 개인의 삶을 이해하기 위한 노력에 있다. 칼빈 역시 개별 신자의 영원한 운명에 변함없이 초점을 맞추고 있는 종말론을 강조하면서 하나님 나라에 대한 이해는 지금 여기에서의 우리 삶에 대한 하나님 통치의 완전한 의미를 재발견할 수 있게 했다. 하지만 칼빈에게 있어서 '영생에 대한 묵상'과 내세의 삶에 대한 소망은 이생에 직접 영향을 미쳤다.

왜냐하면, 개인의 구원은 하나님의 전체 구속 사역의 완성 곧 정의와 평화의 하나님 나라의 종국적 도래에 그 목적이 있었기 때문이었다. 이 영생의 약속은 신자가 하나님의 목적들이 좌절될 수 없음을 알고 이 땅 위의 삶을 충실하게 영위하지만, 다른 한편으로 천국을 고대하는 이런 이미-아직(already not yet)의 종말론적 긴장 안에 있기에 이런 종말론을 소유한 이들은 위험에 처해서도 굴하지 않고 주의 일에 적극적으로 임할 수 있었다(존. W, 드그루시, 2008, 336).

따라서 목사의 이야기를 듣고 그가 말하는 종교적 은유의 의미를 삶 속에서 파악하는 과정이 목회적 진단에서 가장 중요하다. 따라서 정신 건강 보호자로서 목사는 우정, 동료애, 동반자 관계 그리고 권한 부여를 다루는 관계적 해석학(패러다임 전환)으로 자신들과 교구 성도 모두의 공감적 피로에 대한 하나님 이미지를 이해하고 평가해야 한다(Louw, 2000a, 201).

웹 사이트(websites), 과학기술 소통(technological communication), 상대성(relativity), 탈구축(해체, deconstruction)이 지배하는 포스트모던(탈근대) 문화에서 교회와 목사는 고통받는 인간에게 연민(공감)을 보여줄 수 있고 인류를 도와 인간적이고 정의로운 사회를 만들 수 있는 하나님을 제시하고 구현해야 한다는 도전을 받는다.

만약 목회 돌봄이 적절한 방식으로 복음을 전하기를 원한다면 서로 다른 상황이나 맥락 속에 존재하는 다른 하나님 이미지들은 위태로워 분석되어야 한다(should be explore)는 것이 명확해진다. 포스트모던(탈근대) 시대 사람들은 인간성, 정의, 의미에 관한 탐구와 동일시 될 수 있는 하나님 이미지가 필요하다.

그런데도 연구자(필자)는 적절한 은유들을 선택하고 제안하는 문제 자체는 어떤 목회적 상황 속에서 기존에 존재하는 신학적 패러다임을 재구성하는 문제보다는 덜 중요하다고 확신하고 있다. 왜냐하면, 하나님에 대한 목사의 은유적 이해는 결코 그의 체계적(교단) 배경의 영향에서 벗어날 수 없으므로 어떤 은유는 여러 가지로 다양하게 해석될 수 있을 것이다.

즉, 어떤 은유에 대한 해석은 정적인(static) 문제가 아니라 근본적으로 체계적이고 역동적인 문제다. 이 문제는 이 연구 안에서 연구자(필자)가 고통의 맥락에서 종교적(율법주의)이고 역기능적 설정에 대해 십자가(공감) 신학을 먼저 제안함으로써 기존의 신학적 패러다임을 재구성(reframing)하는 데 관여하게 된 이유였다.

3. 정신 건강 보호자로서 목사(성직자)의 위치 변화: 성취(스트레스)에서 소명, 헌신 그리고 봉사(도움)의 사역에로의 재구성 (A Position-Shift of Pastors⟨clergy⟩ as Mental Health Caregivers: The Reframing of Work from Achievement⟨stress⟩ to Vocation, Devotion and Service⟨reaching out⟩)

이런 이전의 모든 언급에서 우리는 십자가(공감)에 비춰 볼 때 고통과 곤경의 상황 가운데 하나님은 더 이상 무감각하고 먼 존재로 이해될 수 없으므로, 외상 돌봄에서 새로운 신학적 패러다임으로서 십자가(공감) 신학을 채택하는 것이 목사가 교구 성도들에게 진정한 소망을 불어넣어 주고 신앙과 치유 과정에서 그들의 성숙을 향상하는 데 있어 도움이 될 수 있다는 것을 알 수 있다.

십자가(공감) 신학은 약함과 어리석음 속에서 하나님의 힘을 구하기에 하나님 힘에 대한 새롭고 심지어 반전된 개념을 제공할 수도 있다. 십자가(공감)의 신학에 비추어 볼 때, 하나님의 힘은 억압과 지배 그리고 자기 중심적인 힘보다 자유롭게 하시고, 구원하시고, 축복하시고, 자기를 희생하시고 연민하시는 힘이라는 측면에서 아마 더 표현될 수 있을 것이다.

특히, 이 연구에서의 십자가(공감) 신학은 그리스도의 부활 속에서 삶은 불안(anxiety)에서 소망(hope)으로, 무(nothingness)에서 종말론(eschatology)으로, 죽음(death)에서 부활(resurrection)로 급진적으로 변화되었음을 나타낸다.

종말론은 도래하는 하나님 나라의 미래로 향하도록 비판적이고 규범적인 요소로 기능한다. 즉 자기 중심성(다른 사람을 비인간화하고 파멸시키는 교만)에서 벗어나 봉사, 사랑, 소망, 기쁨으로 이끈다. 이는 개인적이거나 공동체적인 자기 정당화나 그런 자기의(自己義), 독선 또는 모든 유형의 자기중심성으로부터 자유롭게 되는 것을 의미한다.

십자가 신학에서 본 종말론적 관점은 사람들을 의미 있는 삶을 살아가도록 방향을 제시하는 규범적 요소로 기능한다. 이는 하나님의 성취된 약속(하나님의 신실함과 성실함)에 근거한다(약속 치료: 하나님이 우리와 함께하시겠다는 약속이며, 이 약속의 이행 근거는 예수님의 부활에 있다).

종말론적 관점은 불확실하고 일관성 없는 패러독스(역설)한 삶 가운데서 하나님의 임재를 보증하고 치료의 본질인 안전감을 확보하는 데 도움을 준다(의미와 아직 사이의 긴장: already not yet). 즉, 우리의 현재(우리의 실존)는 과거(하나님의 구원 역사: 십자가에서 이루신 "이미")에 의해 결정되고 또한 미래(그리스도의 다시 오심의 소망으로 "아직")에 의해서 결정된다. 나아가 예수그리스도의 부활에 근거한 성령의 내주 사역으로 새롭게 변화되고 부활한 이 삶은 소망, 희생적 사랑, 평화와 기쁨의 형태로 매일 실현될 수 있다.

교회 정치라는 전통적, 위계적 패러다임(traditional hierarchical paradigm)에서 목사는 평신도들의 눈에 회중에 대한 교회 지도자로 남아 있다. 그 자리(위치, position)와 함께 오는 '암묵적인 힘'(은연중 내포된 힘, implicit power)이 있다. 목사는 이 힘을 자신도 모르게 또는 조직이나 타인의 강요 때문에 전횡하는 경향이 있다.

중세 기독교(교회)에서 발견되는 근본적인 오류는 우상 숭배인데 여기에 대해 칼빈은 이런 비극적 과오를 초래한 원인이 잘못된 신관과 하나님을 인간적인 어떤 존재로 생각한 데 있었다고 올바르게 이해했다. 왜냐하면, 전통적으로 이해된 우상 숭배의 본질은 하나님의 초월성 곧 그 '타자성'을 부인하는 것이며, 부수적으로 피조물이나 피조된 질서를 허황하게 높이는 것이기 때문이다. 역으로 이것은 마치 하나님처럼 인간의 힘을 전횡하고 싶어서 하는 인간의 본성을 암시한다.

우상 숭배는 바르게 이해되고 해석된 하나님을 신뢰해서 사랑하기보다 오히려 잘못 이해되고 해석된 하나님과 같이 되고자 하는 욕망, 곧 죄의 본질을 드러낸다. 우상 숭배는 세상을 통제해 조작하며, 다른 사람들의 운명을 지배하려 하고, 이기심이나 권력에의 의지의 관점에서 옳고 그름을 판단하고자 하는 인간의 욕망을 표현해 준다. 우상 숭배는 창조주를 섬기는 대신에 피조자나 피조물(권력, 명예, 물질 등)을 섬기는 일이다.

우상 숭배는 타락 기사의 중심에 있다. 이것은 하나님과 인간 사이를 소외시키고, 인간에게 있는 하나님의 형상을 훼손하며, 다른 사람을 비인간화하고, 환경을 파괴한다. 우상 숭배는 하나님과 우리 자신들에 관한 바른 지식과 근본적으로 어긋난다. 이것은 우리로 우리 자신들과 현실을 직시하지 못하게 방해한다(존. W. 드그루시, 2008, 136).

개혁 전통에 내재한 위험 요소들 가운데 하나는 조상(彫像)들과 성상(聖像)들을 파괴하는 것 자체를 우상 숭배가 극복된 것으로 간주하려는 환상에 있다. 여기에 칼빈은 외부의 우상들을 없앤 사람들에게 만일 그들이 또한 "그러는 사이에 그들의 마음속 깊숙이 자리 잡은 불경건을 내쫓거나 뿌리 뽑지" 못 한다면 결코, 우쭐대지 말아야 한 것이라고 경고한다(칼빈의 『로마서 주석』). 우상 숭배가 "거짓된 대상을 절대화하는 것"이라면, 우상 숭배는 우리가 우리의 궁극적 충성을 바치고, 역으로 우리의 가치관이나 생활양식을 형성시켜 주는 어떤 대상에도 모두 적용될 수 있다.

우상들은 결코 중립적이지 않다. 우상들은 불가피하게 그 숭배자들의 부도덕한 행위들과 특별히 물질적 이권에 연루된 자들의 탐심을 정당화하기 위해 선택된다. 신약에서 바울은 우상 숭배 목록에서 "음란과 부정과 사욕과 악한 정욕과 탐심"(골 3:5)을 포함한다. 탐심 혹은 탐욕이 우상 숭배라는 동일한 강조는 에베소서(5:5)에서도 강조된다. 실제로 탐심과 돈이 예수님이나 신약의 가르침 속에서 우상 숭배에 대한 전형적인 예들이란 사실은 둘뿐일 만하다. 이렇게 우상 숭배는 일상적 삶의 무대에 확고하게 정의되어 특별히 인간의 탐심에 적용되었다(존. W. 드그루시, 2008, 142-143).

종교 정신 건강 보호자인 목사가 돈이나 물질적으로 가치 있는 소유물(재산)에 대해 고령의 교구 성도들이 그들의 유언장에 목사를 기억하도록 시도하는 등 개인의 이익을 위해 목사가 가지고 있는 지위의 힘을 사용할 때 교구 성도들 역시 상처를 입을 수 있다. 또한, 목사는 그들의 전문성(소명)을 넘어 사역을 시도할 때 신뢰를 바탕으로 한 경계를 지나치게 넘어섬으로 고통 속에 있는 교구 성도들의 연약(취약)성을 악용할 수도 있다.

왜냐하면, 목사는 사람들이 극도로 연약할 때 교구 성도들의 삶에 가까이 다가갈 수 있기 때문이다. 목사가 고통에 빠진 연약한 성도들에게 다가가도록 요청받을 때, 목사의 상태는 목회 돌봄에서 특히 영적으로나 정서적으로 빈곤하거나 연약할 때, 자신의 문제들을 지나치게 공개함으로 내담자(sufferer)가 잘못 이해하거나 내담자에 의해 악용될 수 있는 수준의 친밀감을 조성할 위험이 높다(Dalene, 2002, 91-92)는 사실을 기억하는 것이 중요하다.

많은 사람에게 삶이란 직업과 돈벌이에 관한 것이다. 그런데도 교회에서 정신 건강 보호자로서의 목사의 지위는 고용과 높은 급료에 관한 것이 아니다. 정신 건강 보호자인 목사의 위치 변화(position shift)는 삶 속에서 소명(vocation)을 발견하는 것이다.

이 소명에서 목사는 스트레스를 받을 필요가 없고 다만 주고(to give) 나눠 주는(to share) 희생이 필요한 것이다(위치 변화: 성취〈스트레스〉에서 소명, 헌신 그리고 봉사로의 위치 변화). 나눔(공유, sharing)은 다른 사람을 풍요롭게 하는 것에 관한 것이다. 이런 소명 때문에 다른 사람은 더 이상 자신의 적수가 아니라 인생의 동반자이고 사역(work) 역시 더 이상 고용(employment)이 아니라 봉사(servitude)가 된다(Louw, 2005, 135).

칼빈 역시 소명에 대해 언급하고 있는데, 그에게 있어 신적 소명의 핵심 역시 "봉사에로의 부르심"이었다. 결과적으로 모든 노동은 신성하게 되고, 그리스도인은 그리스도인이 된다는 것이 의미하는 바의 요소로서 세상에서의 봉사를 위해 복음에 의해 자유롭게 된다는 것이다(존. W. 드그루시, 2008, 220).

따라서 목사는 위치 변화를 통해 그들 자신의 가치를 증명하기 위해 권력, 성공, 통제, 비교 그리고 업적(성취) 추구를 중단할 수 있다. 왜냐하면, 목사는 이제 그들이 영원히 가치를 지닌 하나님의 아들들(자녀들)이라는 것을 알기 때문이다.

목회 돌봄에서 목사가 지닌 소명의 본질적인 부분은 현실주의(realism)인데, 즉 삶은 필연적으로 고통, 절망 그리고 무에 관한 것이기 때문이다. 비록 소명이라는 면에서 고통에 노출되어 공감적 피로의 상처와 비하감을 가져올지라도, 이것은 다른 사람의 고통을 인식하고 관련(관심)이 있을 기회를 연다.

따라서 소명이 비록 모든 문제를 해결할 수 있는 것은 아닐지라도, 다음과 같은 이해와 통찰력을 나타낸다. 즉, 수반된 어떤 고통도 우리 존재 기능의 질(the quality of our being-functions, 봉사의 의무)을 향상하는 그와 같은 방식으로 문제를 해결하도록 목사는 도전받는다는 것이다(Louw, 2005, 63).

사역(해석학적 접근)에 대한 영적 접근의 함축적 의미는 소득(income)에 있는 것이 아니라 더 나은 배려와 인정이 있는 사회를 만들기 위한 개인의 역량을 나눌 수 있는 방식에 있다. 소명은 인간의 존엄성에 있는 것이지 개인적, 물질적 이득에 우선을 두는 것이 아니다(Louw, 2005, 67).

기독교의 영성 안에서 희생적인 사랑과 섬김의 윤리는 인간 고통의 사회적 측면을 다루는 데 결정적인 역할을 할 수 있다. 화해와 용서의 영적 이슈는 사회적, 문화적, 민족적, 종교적 차이를 연결하는 데 있어 가장 중요하다. 그렇다면 기독교 신앙은 공동체의 치유와 고통 속에 있는 인간에게 힘을 실어주는 데 있어 사회에 결정적인 역할을 해야 한다(Louw, 2005, 124).

외상 돌봄에서 기독교 영성은 금욕주의(asceticism)와 고통 속에서 삶의 도전을 회피하려는 시도를 묘사하지 않는다. 영성은 그저 수도원의 벽 뒤에 숨어 있는 영적 규율에 관한 것만이 아니다. 개혁 전통(reformed tradition)의 관점에서 영성은 경건의 실천(Praxis pietatis), 즉, 신앙은 삶의 사건들의 실천 안에서 행해진다는 것을 암시한다.

그러므로 기독교 영성은 본질에서 성숙함(maturity), 친밀함(intimacy) 그리고 인간 존엄성(human dignity)과 연결되어 있다. 이 기독교 영성은 의미에 관한 인간의 탐구 그리고 절대자와 고통 속에 있는 일상의 경험과 연결하려는 시도를 묘사하고 있다(Louw, 2005, 132).

다시 말하면, 기독교 영성은 하나님 앞에 있음에 대한 자각, 헌신적 복종이며, 영성의 목적은 믿음을 구체화하고 믿음 내용과 매일의 삶 사이의 일치성을 개발하는 것이다. 이것이 의미하는 것은 하나님 중심적 영성 이해 가치를 인정하면서도 인간과 경험 영역에 대한 전통적 개혁주의의 과소평가는 지적되어야 하고, 진정한 영성은 삶 속에서 신앙체험과 관련된 통합적 영성 즉 개인적 차원이 사회적이고 공적인 차원과 연결되는 것이다.

목회 사역에서 목사의 기능은 해석학적이기에, 목회 해석학의 중요성은 파악되어야 한다. 이와 같은 해석학은 순전히 개인주의적이거나 탁상공론적 기획이 아니다. 해석학은 교회 삶의 중심 요소이다. 이것은 교회가 변하고 있는 현실을 분별하는 것과 관련해 예수 그리스도 안에서 자신의 신앙을 이해하고 고백하는 일과 관계가 있다(존. W. 드그루시, 2008, 123).

대체로 "해석학"(또는 "해석학적", hermeneutics or hermeneutical)이라는 단어는 사용의 역사가 길고 복잡한 복합적 단어이다. 이 단어의 기원은 날개 발(wing-footed)을 가진 메신저 신(god)인 헤르메스(Hermes)에서 발원한 그리스 단어와 연관될 수 있는데, 헤르메스는 "인간의 이해를 넘어서는 것을 인간 지능이 파악할 수 있는 형태로 변환하는 기능"과 관련이 있었다(Gerkin, 1984, 19).

그리스 신 헤르메스의 기능과 유사하게 하나님 이야기의 대리자로서 목회 상담자는 사람들 이야기와 하나님 이야기 사이의 관련성을 추구한다(Louw, 1998, 99).

여기에 더해 하나님 이야기에 대한 목회 해석학 과정은 단지 인격 변화에만 있는 것이 아니라 성숙한 신앙과 영성 개발에 있다. 성숙한 신앙 개념은 변화(구원), 행동에 대한 책임(윤리), 성장(성화), 교제(서로 간의 성숙한 지지와 권한 부여), 종말적 소망을 두고 참여와 기대를 의미한다.

목회 상담은 인간관계와 상황과 삶 문제 속에서(실존적 문제들: 불안, 죄책감, 절망, 무기력감, 좌절) 신앙을 해석하고 이해하는 해석학적 과정이다. 즉 성경 이야기, 복음 이야기를 성도들의 갈등, 고민, 고통 및 기쁨 이야기와 연결하고자 애쓰는 것이다. 그러나 치유하는 하나님 복음 이야기가 제대로 전달되어 그 능력이 나타나지 않는 이유는 바로 다음과 같은 이유가 있다.

1) 목사 자신의 회의주의

성경 텍스트를 조작함에 관한 문제는 교인에게가 아니라 목사에게 놓여 있다. 비록 목사가 성경/복음 이야기를 믿더라도, 목사는 그가 가진 믿음의 내용을 완전히 신뢰하지 않는다. 그가 가진 믿음의 내용이 믿음과 삶의 이슈들에 대한 실재적이고 경험적이며 주관적인 측면으로 다가올지라도 목사는 마치 하나님이 중요하지 않거나 하나님이 계시지 않는 것처럼 행동한다.

실존적이며 사역적인 수준에 대한 이런 간접적 회의주의는 정신 건강 보호자로서 목사를 상담 과정에서 성경적 분석을 추방하고 '신뢰할 만하고 증명된' 정신분석의 기법(일반 심리학)으로 돌아서도록 설득한다.

2) 목사의 자기 존중감

목사는 흔히 인기 있으려 하는 강박관념을 가지고 있다. 확실한 것을 원하고 비판주의에 대해 완전히 민감하게 되려고 하는 이런 공통적 특성들은 흔히 공격에 대해 목사를 피하게 하거나 어떤 방식으로든지 그가 인기 없음을 만드는 결과를 가져온다. '평화'나 인기를 위해 성경은 무시되고 목사는 특별히 추상적 결과로서, 때로는 케리그마적(선포적) 모델에서 성경의 가현적(docetic) 사용의 결과로서 근본주의자(fundamentalist)라고 취급당하는 데 또한 조심스러워한다.

3) 목사의 빈약한 성경 지식

목사가 성경을 알지 못하기 때문에, 성경(하나님/복음 이야기)은 상담에 있어 적당한 기능을 하지 못한다. 목사는 성경에서 어떤 부분이 특별히 목회적 상황과 관련이 있는지 알지 못한다. 결과적으로 목사는 성경 텍스트의 제한된 레퍼토리에 의존하고, 고통에 대한 목회 상담에 시편 23편만 할 수 없이 사용하도록 강제된다. 준비성 부족 그리고 성경에 관한, 석의(주해)적으로 건전하고 온전한 지식의 빈약은 효과적인 성경적 상담을 방해한다.

결론적으로, 목사의 사역 환경에서의 성취는 수행(실적) 불안(performance anxiety, CF)으로 강박관념에 집착할 때 하나님의 은총의 예술(the art of divine grace)을 손상할 수 있다. 그때, 삶은 몇 가지 처방(율법주의)에 따라 살아남기 위한 몸부림이 된다. 해석학적 접근을 활용함으로 성취(업적)에서 소명, 헌신, 봉사로 이어지는 목사의 위치 변화는 목회 돌봄 가운데서 공감적 피로의 영적 충격으로부터 자신과 교구 성도 모두를 예방하도록 돕는다.

목사가 위치 변화에 의한 목회 돌봄은 사람들과의 관계 속으로 들어가 그 가운데서 실존적, 사회적, 정치적 및 생태학적 영역에까지 하나님의 돌봄을 증명하고 해석하는 것이다. 여기에서 만남이 중요한데 실제 상황 가운데서 신앙 통해 의미를 발견하고 성령에 의해 인도받는 하나님과 인간 사이의 대화 과정이다. 이 과정에서 성령의 사역(구원)이 중요하고, 하나님과 인간 사이 주도권은 하나님 편에 있다. 인간의 유일한 기여는 구원을 감사함으로 받아들이는 신앙에 있다.

하나님과 만남은 성령에 의해 이루어지고 인간의 언행에 의해 증명된다. 신앙이 실제 삶의 상황 속에서 의미가 있을 수 있도록 하나님을 해석하고, 세상과 사람을 해석함으로 이 상황이 복음과 접촉되게 하는 것이 중요하다. 목회 돌봄은 신앙 관점에서 현실을 해석하고 복음의 구원과 연결한다. 하나님 인식 방법의 전환이 필요(목회 해석학의 과제)한데 신자가 가지고 있는 하나님 이미지에 관한 관심이다. 즉 하나님을 권력과 무관심의 이미지로부터 그리스도의 십자가와 부활에서 도출되는 연민과 공감, 고난의 이미지로 전환이 필요하다.

목사의 위치 변화를 통해 자기 자신과 동료 인간의 고통(CF)에 눈을 여는 것은 하나님의 은총을 통해서이기 때문에, 삶은 다른 사람에게 손을 뻗는(봉사하는) 기회가 된다(Louw, 2005, 134).

제5장

전체 요약과 결론

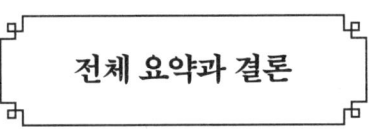

공감적 피로(Compassion Fatigue:CF)는 외상학 분야에서 이차적 외상 스트레스 장애(STSD)로 알려진 진전(발전)하는 개념 중 가장 최근의 것이다. 이런 공감적 피로의 대부분 현상은 흔히 정서적 고통에 있는 다른 중요한 사람들에 대한 "돌봄 비용(희생)"과 관련이 있다(Figley, 2002, 2).

서구 심리 치료의 관점에서 모든 형태의 외상 치유 과정은 설명적(원인과 결과) 접근방식(Louw, 1998, 82)과 성격(personality)에 기초한 신체적 외상의 의료모델(Louw, 1998, 79; Wastell, 2005, xv-xvi)에 의해 많은 영향을 받아 왔다. 서구 심리학에서 성격은 보통 자기 구조 과정들(self-structure processes)을 말한다.

따라서 성격은 전형적 행동과 개인적 특성의 일정한 요소를 반영하는 개별 범주가 된다. 인간은 고통 속에서 자율적이고 독립적이다(Louw, 1998, 79). 따라서 신체적 외상의 의료모델에 기초한 설명과 성격의 관점에서 온 외상 치유 과정은 외상 치료에서 공감적 피로의 영적 충격을 막는 데 한계가 있다.

이 연구는 다음과 같은 전제에서 시작되었다. 신학과 하나님에 대한 구체적 이해(하나님 이미지)에 기초한 체계적이고 관계적이며 해석학적인 접근은 그 현상에 대한 더 예방적인 접근과 함께 상담 시 공감적 피로의 영적 충격과 목회적 역할을 평가하는 데 있어 핵심적인 역할을 할 수 있다는 것이다.

다시 말해서, 공감적 피로의 영적 외상의 충격을 평가하고 치료하기 위해 우리는 외상 돌봄에 있어 체계적이고 관계적이며 해석학적인 모델이 필요하다는 것이다. 체계적, 관계적, 해석학적 모델은 외상 돌봄에서 기대와 새로운 목표 설정 그리고 공감적 피로(고통)에 대한 의미의 틀(framework) 구축을 다루기 위해 지원 시스템과 신뢰와 격려의 공간을 만들 수 있다.

제3장과 제4장에서는 공감적 피로와 고통의 개념화에 대한 기독교 영성의 목회적 관점을 검토하고 평가했다.

또한 공감적 피로의 개념화, 연구 및 치료에 대한 새로운 해석학적 접근들을 제안했으며, 패러다임 전환에서 다음과 같은 전략과 모델(원인과 결과, 설명적 접근에서 공감적 피로에 대한 체계적, 관계적, 해석학적 접근)을 가진 새로운 개념화를 구축했다.

공감적 피로에 대처하는 기제(機制, mechanism)는 관계의 질과 기존의 지원체계와 직결되기 때문에, 이 연구에서는 두 가지 전략(발렌트의 여덟 가지 전략과 로우의 네 가지 건설적 전략)과 두 가지 모델(켈리의 생태학적 모델과 로우의 나선형 모델(위치 선정, positioning)이 제시되었다. 그 이유는 이런 다양한 생존 예방들은 고통 속에서 공감적 피로를 다루도록 발전되었기 때문이다.

켈리의 생태학적 모델은 공감적 피로 예방에 있어 개인과 환경적 영향의 상호작용을 강조한다(Figley, 1995, 181). 이 연구에서 소개한 CCRT(지역사회 위기대응 팀:Community Crisis Response Team, 케임브리지병원 폭력 피해자 프로그램:the Cambridge Hospital Victims of Violence Program)는 켈리의 인간과 환경의 상호의존성을 강조하는 공동체 역량 강화 모델(community empowerment model)에 기초하고 있다.

단체 보고 회의를 통해 CCRT는 폭력의 여파에 대한 치유의 기초로서 공감적 피로에 대한 사회적 지지의 중요성을 모델화하고, 이차 피해자는 물론 직접 피해자에게도 정보를 제공하고 있다. CCRT 모델의 중요성은 또한 공감적 피로를 지원하는 개인과 지역사회의 물리적, 사회적, 심리적 측면에 초점을 맞춘 공감적 피로의 예방에 대한 생태학적 접근법을 스스로 모델링을 하는 방식에 있다(Figley, 1995, 182).

고통의 의미에 대한 검토를 위해 그리고 공감적 피로의 영적 충격에 대한 더 나은 이해를 돕기 위해, 이 연구는 또한 체계적이고 관계적이며 해석적인 접근법으로 로우의 나선형 모델(위치 선정)을 제안했다.

해석학적 접근으로서 로우의 나선형 모델(위치 선정)은 외상 돌봄에서 역동적 네트워크와 상호관계 시스템으로서 하나님의 신실함, 위엄, 찬란한 영광(Louw, 2005, 4)의 고유성을 나타내는 하나님의 은총의 공간(the space of divine grace)을 강조한다. 생존과 상호작용을 위한 이 공간 안에서 사람들은 직접 방향을 정하고 위치를 잡는다. 이런 위치(태도와 적성)의 질(quality)은 공감적 피로의 예방을 강화하는 데 핵심적인 역할을 할 수 있다.

이 연구에서 체계적이고 관계적이며 해석학적 모델로서의 나선형 모델은 다음과 같은 다섯 가지 요소들을 포함한다.

첫째, 공감적 피로 관리평가에 대한 해석학적 접근(설명 모델에서 해석학적 접근으로 패러다임 전환)

둘째, 공감적 피로의 영적 충격에 대한 신학적 차원들

셋째, 신정론(Theodicy)과 고통(공감적 피로: CF)

넷째, 하나님의 파워(power, 전능〈omnipotence〉)와 해석학적 접근에 있어 공감적 피로에 대한 하나님의 연대(solidarity, 일치: 연민〈pathos〉)

다섯째, 십자가 신학(A theological of the cross: 공감, 연민)

나선형 모델의 네 가지 요소들에 대한 신학적 이해는 정신 건강 보호자인 목사가 관여의 한계를 받아들이고 그들이 돕는 희생자들을 위해 제공하는 돌봄의 질을 높이는 데 도움을 줄 수 있다. 공감적 피로를 다룰 때 하나님에 대한 부적절한(inappropriate) 이해(유아적 신앙)는 역기능적(dysfunctional) 또는 병리적(pathological) 신앙 행동을 유발할 수 있지만, 적절한(appropriate) 하나님 이미지(성숙한 신앙)는 더욱 건설적이고 목적 의식이 있는 행동을 촉진하고, 소망을 심어 주며 궁극적인 목회 사역의 치료 효과에 기여한다.

결론적으로, 사람이 가지고 있는 하나님 이미지를 바꾸는 것은 삶에 대한 그들의 태도에 진정한 변화를 일으키고 공감적 피로의 영적이며 해로운 충격으로부터 사람들을 예방한다.

끝으로 제4장의 초점은 외상 돌봄에서 정신 건강 보호자인 목사가 어떻게 공감적 피로(고통)의 해로운 영향들을 예방하거나 제한할 수 있는지에 있다. 가장 중요한 원칙은 공감적 피로가 실제로 발생하기 전에 공감적 피로의 예방 기제(메커니즘)가 가동되어야 한다는 것이다.

외상 돌봄에서 공감적 피로의 예방 기제(메커니즘)는 다음과 같다.

① 심리 교육(psychoeducation, Figley, 1995, 233)과 고통에 대한 신학적 해석학:

첫째, 외상 돌봄에서 하나님 이미지와 은유(Louw, 2000a, 48)
둘째, 정신 건강 보호자인 목사의 위치 이동(position-shift)
셋째, 성취(스트레스)에서 소명, 헌신, 봉사, 봉사(도움)
  (Louw, 2005, 63)

② 준비(preparedness)
③ 계획(planning, (Figley, 1995, 233).

공감적 피로에 노출되는 것을 항상 피할 수는 없지만, 팀 접근(team approach)과 교회 공동체(church community)를 포함한 기관들은 다음과 같은 사실들을 보장 할 수 있어야 한다.

① 스트레스는 인정되어야 한다.
② 노출된 구성원들은 그들의 스트레스를 받는 경험을 지원 환경(supportive environment)에서 처리할 수 있는 가장 좋은 기회를 가질 수 있어야 한다.

참고 문헌(Bibliography)

존. W. 드그루시. 『자유케 하는 개혁신학』. 이철호. 예영 커뮤니케이션(2008).

Albert Nolan, 1988, *God in South Africa: The Challenge of the Gospel.* Grand Rapids: Eerdmans.

Adams, R. E., Figley, C. R., & Boscarino, J. A. (2008). The Compassion Fatigue Scale: Its use with social workers following urban disaster. *Research on Social Work Practice, 18*, 238-250. doi:10.1177/1049731507310190.

Alkema, K., Linton, J., & Davies, R. (2008). A study of the relationship between self-care, compassion satisfaction, compassion fatigue, and burnout among hospice professionals. Journal of Social Work in End-of-Life & Palliative Care, 4(2), 101-119. doi:10.1080/15524250802353934.

Benner, D. G. 1988. *Psychotherapy and the Spiritual Quest.* Grand Rapids: Baker.

Berkhof, H. 1979. *Christian faith. Grand Rapids:* Eerdmans.

Borchert Gerald. L and Lester, Andrew. D. 1985. *Spiritual Dimensions of Pastoral Care.* Philadelphia : The Westminster Press.

Boris, D & John P. W. 2007. *Voices of Trauma: Treating Survivors Across Cultures.* New York: Springer.

Breakwell. G. M. Hammond, S & Fife-Schaw, C. 1997. *Research Methods in Psychology.* London: Sage.

Bride, B., Robinson, M., Yegidis, B., & Figley, C. 2004. Development and validation of the Secondary Traumatic Stress Scale. *Social Work Practice, 14* (1), 27-35. doi: 10.1177/1049731503254106.

Bush, N. J. 2009. Compassion Fatigue: Are you at risk. *Oncology Nursing Forum, 36* (1), 24-28

Campbell, L. 2007. Utilizing compassion fatigue education in hurricanes Ivan and Katrina. *Clinical Social Work Journal, 35*, 165-171. doi:10.1007/s10615-007-0088-2.

Capps, Donald. 1984. *Pastoral care and hermeneutics.* Philadelphia: Fortress Press.

_____, 1990. *Reframing: A new method in pastoral care.* Minneapolis: Fortress Press.

_____, 1993. *The Depleted Self: Sin in a Narcissistic Age.* Minneapolis: fortress Press.

_____, 1995. *Agents of Hope: A Pastoral Psychology.* Minneapolis : Fortress Press.

Catherall, D. R. 2004. *Handbook of Stress, Trauma, and the Family.* New York: Brunner-Routledge.

Cavanagh, M. E. 1992. The perception of God in pastoral counseling. *Pastoral Psychology, 41/2,* 75-80.

Corey Gerald. 2001. *Theory and Practice of Counseling and Psychotherapy.* United States: Brooks/Cole.

Craig, C. D., & Sprang, G. 2010. Compassion satisfaction, compassion fatigue, and burnout in a national sample of trauma treatment therapists. *Anxiety, Stress, & Coping, 23*(3), 319-339. doi:10.1080/106158009085818.

Dalene, F. Rogers. 2002. *Pastoral Care for Post-Traumatic Stress Disorder.* New York: The Haworth Pastoral Press.

De Vos, A. S.; Strydom, H.; Fouche, C.B & Delport, D.S.L(eds). 2002. *Research at Grassroots: For the Social Sciences and Human Service Prefession.* Pretoria: Van Schaik.

Eastwood, C. D., & Ecklund, K. 2008. Compassion Fatigue risk and self-care practices among residential treatment center childcare workers. Residential treatment for Children & Youth, 25(2), 103-122. doi: 10. 1088/08865710802309972.

Elspeth, C. R, Patricia, W & Matthew, J. F. 2006. *Interventions Following Mass Violence and Disasters: Strategies for Mental Health Practice.* New York: The Guilford Press.

Everly, G. S, Jr & Lating, J. M. 2004. *Personality-Guided Therapy for Posttraumatic Stress Disorder.* Washington, D C: American Psychological Association.

Figley, C. R. 1989. *Helping traumatized families.* San Francisco: Jossey-Bass.

_____, 1995. *Compassion Fatigue: Coping with Secondary Traumatic Stress Disorder in Those Who Treat the Traumatized.* New York & London: Brunner-Routledge.

_____, 2002. *Treating Compassion Fatigue.* New York • London:Brunner-Routledge.

Frankl, Victor E. 1984. *Man' search for meaning.* New York: Washington Square Press/ Pocket Books.

Gentry, J. E. 2002. Compassion Fatigue: A crucible of transformation. *Journal of Trauma Practice, 1*(3/4), 37-61.

Gerkin, C. V. 1984. *The living human document.* Nashville, Tennessee: Abingdon Press.

Gerkin, C. V. 1986. *Widening the horizons: Pastoral responses to a fragmented society.* Philadelphia: Westminister.

Harbaugh, G. L. 1984. *Pastor as person.* Minneapolis: Augsburg Publishing House.

Hoffman, P. 2009. Addressing compassion fatigue. *Healthcare Executive,* September/October 40-42.

Holmes, T. H., & Rahe, R. 1967. The social readjustment scale. *Journal of psychomatic Research,* 11,213-218.

Hood, R. W. Jr. 1989. The relevance of theologies for religious experiencing. *Journal of Psychology and Theology,* 17, 336-342

Inbody, T. 1997. *The transforming God: An interpretation of suffering and evil.* Louisville/Kentucky: Westminster John Knox Press

Jacobson, J. 2006. Compassion Fatigue, Compassion satisfaction, and burnout: Reactions among employee assistance professionals providing workplace crisis intervention and disaster management services. *Journal of Workplace Behavioral Health, 21*(3/4), 133-152. doi: 10.1300/J490v21n03-08

John Omaha. 2004. *Psychotherapeutic Interventions for Emotion Regulation.* New York ・London: W.W. Norton & Company.

Johnson W. Brad and Johnson William. L . 2000. *The Pastor's Guide to Psychological Disorders and Treatment.* New York ● London ● Oxford: The Haworth Pastoral Press.

Joinson, C. 1992. Coping with compassion fatigue: Burned out and burned up: Has caring for others made you too tired to care for yourself. *Nursing, 22* (4), 118-119.

Juan, J. L, George, C, Maril, M, Norman, S & Ahmed, O. 2005. *Disasters and Mental Health.* Engoand: Wiley.

Juliy, E. Merryman. 2011. Effects of a Prevention-Based Training on Compassion Fatigue and Compassion Satisfaction with Licensed Professional Counselor Interns in Texas. Ph.D. Dissertation at the Texas Tech University.

Jun, Dongchan, 2009. Male Gender Role Strain : A Pastoral Assessment. Th. D. Dissertation at the University of Stellenbosch.

Jung, C. G. 1929. *Problems of Modern Psychotherapy.* Princeton : Princeton University Press.

Jung, C. G. 1948. *Psychological types or the psychology of individuation.* London / New York: Kegan Paul, Trench, Trubner & Co.

Kanter, J. 2007. Compassion fatigue and secondary traumatization: A second look. *Clinical Social Work Journal, 35,* 289-293. doi: 10.1007/s10615-007-0125-1.

Kim, Soon-Seong. 2004. A Practical and Hermeneutical Investigation into the problem of Marginality, *Th.D Dissertation, University of stellenbosch.*

Kim, Sunghwan. 2005. An interplay between God-images and the Korean traditional religions in a hermeneutics of pastoral care and counseling. Unpublished Th. D. Dissertation at the University of Stellenbosch.

Kunkel. M. A *et al.* 1999. God images: A concept map. *Journal for the Scientific Study of Religion* 38/2, 193-202.

Leah Giarratano. 2004. *Clinical skills for Treating Traumatised Adolescents.* Austalia: Talomin books.

Louw, D. J. 1994. *Illness as Crisis and Challenge:* Guidelines for Pastoral Care. Doornfontein: Orion.

_____, 1996. Metaphorical theology and God-images in a hermeneutics for pastoral care and counseling. *Skrif en Kerk 17/1, 114-142.*

_____, 1998. *A Pastoral Hermeneutics of Care and Encounter: A theological design for a basic theory, anthropology, method and therapy.* Stellenbosch: Lux Verbi.

_____, 2000a. *Meaning in Suffering: A theological reflection on the cross and the resurrection for pastoral care and counselling.* New York. Peter Lang (International Theology; Vol. 5)

_____, 2000b. The challenge of a global economy and of the internet to pastoral ministry: Care for the living human web. *Practical theology in South Africa.* 15/1, 30-52.

_____, 2003. The paradigm revolution in practical and pastoral theology: From metaphysics (substantial thinking) to empiricism (experiential thinking): From theism to theopaschitism (hermeneutical thinking). *Practical Theology in South Africa.* 18/2. 33-57.

_____, 2005. *Mechanics of the Human Soul about Maturity and Life Skills.* Stellenbosch : Sun Press.

_____, 2008. *Cura Vitae: Illness and the Healing of Life in Pastoral Care and Counselling.* Wellington: Lux Verbi. BM.

Maslach, C, & Jackson, S. E. 1986. *The Maslach Burnout Inventory:Manual (2nd ed.).* Palo Alto, CA: Consulting Psychologists Press.

Mason, J. 1996. *Qualitative Researching.* London: SAGE Publication.

Meyer, D., & Ponton, R. 2006. The healthy tree: A metaphorical perspective of counselor wellbeing. *Journal of Mental Health Counseling, 28*(1), 189-201.

McCann, I.L., & Pearlman, L.A. 1990a. Vicarious traumatization: A framework for understanding the psychological effects of working with victims, *journal of Traumatic Stress,* 3(1), 131-149.

McGrath, A. E. 1985. *Luther's theology of the cross: Martin Luther's theological breakthrough.* New York: Basil Blackwell.

McGrath, A. E. 1992. *Suffering and God.* Grand Rapids: Zondervan Publishing House

McLeld, J. 1994. *Doing Counselling Research.* London: Sage.

Mestrovic, G. Stjepan. 1997. *Postemotional Society.* London: Sage Publications.

Mohler, R. A. 1995. The integrity of the evangelical tradition and the challenge of the postmodern paradigm. In, D S Dockery (ed.) *The challenge of postmodernism: An evangelical engagement.* Grand Rapid: Baker.

Myers. Dian and Wee. David F. 2005. *Disaster Mental Health Services.* New York: Brunner-Routledge.

Niederland, W.G. 1981. The survivor syndrome: Further observations and dimensions. *Journal of the American Psychoanalytic Association,* 29,413-425.

Osborne, G. R. 1999. Christianity challenges postmodernism. In D W Kennard (eds). *The relationship between epistemoloty, hermeneutics, biblical theology and eontextualization: understanding truth.* Lewiston: Edwin Mellen Press 93-116.

Osgood, C. E. 1969. *The nature and measurement of meaning.* In:snider, J. G & Osgood, C. E(eds), Semanic differential technique. Chicago: Aldine.

Paula P. Schnurr and Bonnie L. Green. 2004. *Trauma and Health (Extreme Stress).* Washington, DC: American Psychological Association

Pearlman L. A., & Saakvitne, K. W. 1995a. *Trauma and the therapist.* New York: Norton

Pearlman, L.A., & Saakvitne, K.W. 1995b. *Treating therapists with vicarious traumatisation and secondary traumatic stress disorders.* New York: Brunner Mazel.

Phil Jones. 2005. *The Arts Therapies: A revolution in healthcare.* New York: Brunner-Routledge.

Plou, D. S. 1996. *Global communication: Is there a place for human dignity?* Geneva: WCC Publication.

Rank, M., Zaparanick, T., & Gentry, J. 2009. Nonhuman-animal care compassion fatigue: Training as treatment. *Best Practices in Mental Health Journal, 5*(2), 39-61.

Richards, 1988. *A practical theology of spirituality.* Grand Rapids: Zondervan Publishing House.

Ruysschaert, N. 2009. (Self) hypnosis in the prevention of burnout and compassion fatigue for caregivers: Theory and induction. Contemporary Hypnosis, 26(3), 159-172. doi:10. 1002/ch.

Schnurr, P. P and Gree, B. L. 2004. *Trauma and Health: Physical Health Consequences of Exposure to Extreme Stress.* Washington, DC: American Psychological Association.

Sedgwick, D. 1995. *The wounded Healer: Countertransference from a Jungian perspective.* London and New York : Routledge.

Sprang, G., Clark, J., & Whitt-Woosley, A. 2007. Compassion fatigue, compassion satisfaction, and burnout: Factors impacting a professional's quality of life. Journal of Loss and Trauma, 12, 259-280. doi:10.1080/15325020701238093.

Tehrani, N. 2007. The cost of caring: The impact of secondary trauma on assumptions, values, and beliefs. *Counselling Psychology Quarterly, 20*, 325-339.

Van Hook, M.P., & Rothenberg, M. 2009. Quality of life and compassion satisfaction/fatigue and burnout in child welfare workers: A study of the child welfare workers in community based care organizations if central Florida. *Social Work & Christianity, 36*(1), 36-54.

Wastell Colin. 2005. *Understanding Trauma and Emotion.* New York: Open University Press.

Watts, F., Nye, R. & Savage, S. 2002. *Psychology for Christian Ministry.* London and New York : Routledge.

Wilson J. P., Lindy, J. D., & Raphael, B. 1994. *Empathie strain and therapist defense: Type I and II countertransference reactions.* In J. P. Wilson & J. D. Lindy (Eds.), *Countertransference in the treatment of PTSD.* New York: Guilford.

부록(ADDNDUM) 1

공감적 피로 자가 검사(Self Test)

공감적 피로 척도(개정된)(Compassion Fatigue Scale-Revised:CF-R)는 이전의 공감적 피로 척도를 기반으로 한다(Figley 1995).

다음의 자가 검사는 돌봄 제공자들(caregivers) 스스로가 공감적 피로의 증상들을 확인할 수 있도록 돕기 위해 고안되었다. 이 테스트는 공감적 피로에서 제공된 오리지널 버전의 개정된 버전이다(Figley, 1995, 2002:127, 134-135)

귀하와 귀하의 직장/생활(work/life) 상황에 대한 다음의 각 항목을 고려하라. 다음과 같은 등급 시스템을 사용해 자신의 경험을 가장 잘 반영하는 숫자를 쓰라. 1은 '거의 하지 않는 또는 전혀 하지 않는'을 의미하며 10은 '매우 자주 하는'을 의미한다.

해당되는 것으로 보이지 않더라도 모든 항목에 답하라. 그런 다음 채점 지침을 읽고 점수를 계산하라.

1 = 드물게(Rarely)/절대로(Never)

2-3-4-5-6-7-8-9-

10 = 매우 자주(Very Often)

때때로(Sometimes)

.........1. 나는 무서운 경험을 떠올리게 하는 어떤 생각이나 감정을 억지로 피한다.

.........2. 나는 어떤 활동이나 상황이 나에게 무서운 경험을 떠올리게 하기 때문에 그것을 피하는 나 자신을 발견한다.

.........3. 나는 무서운 사건에 대한 기억의 공백(gap)이 있다.

.........4. 나는 다른 사람들로부터 고립감을 느낀다.

.........5. 나는 잠이 들거나 잠자는 상태를 유지하는 데 어려움을 겪고 있다.

.........6. 나는 분노로 폭발하거나 아주 적은 도발에도 화가 난다.

.........7. 나는 쉽게 깜짝 놀란다.

.........8. 피해자(victim)를 돌보면서 가해자에 가할 폭력(violence against the perpetrator)에 대해 생각해 보았다.

.........9. 나는 나의 내담자들과 연결된 회상(flashback: 과거 장면으로의 순간적 전환)을 가지고 있다.

.........10. 나는 성인이 되었을 때 충격적인 사건(traumatic events)을 직접 경험했다.

.........11. 나는 어린 시절에 충격적인 사건(traumatic events)을 직접 경험해 본 적이 있다.

.........12. 나는 내 인생에서 충격적인(traumatic) 경험을 "헤쳐 나올"(work though) 필요가 있다고 생각해 왔다.

.........13. 나는 내담자가 나에게 말하거나 한 일들이 두렵다.

.........14. 나는 나의 내담자의 꿈과 비슷한 괴로운 꿈(troubling dream)을 경험한다.

.... 15. 나는 특히 어려운(까다로운) 내담자/환자들과 함께 일한 후 침투적 사고(intrusive thoughts, 머릿속에 부적절한 생각이 자꾸 끼어듦)를 경험했다.

.... 16. 나는 내담자/환자와 함께 일하던 중 갑자기 그리고 무의식 중에 무서운 경험을 떠올렸다.

.... 17. 나는 내담자의 충격적인(traumatic) 경험에 잠을 못 이루고 있다.

.... 18. 나는 나의 내담자/환자들의 외상 스트레스에 "감염"되었을지도 모른다고 생각해 왔다.

.... 19. 나는 나의 내담자/환자들의 안녕(well-being)에 대해 덜 걱정해야 한다고 스스로에게 상기시킨다.

.... 20. 나는 내 일에 갇혀 있는 기분이다.

.... 21. 나는 내담자/환자와 함께 일하는 것과 관련된 절망감(hopelessness)을 느껴 왔다.

.... 22. 나는 내담자/환자들과 함께 일하는 것이 위험에 처해 있다.

.... 23. 나는 스트레스가 심한 직장 경험에 대해 이야기할 어떤 사람도 없다고 생각해 왔다.

.... 24. 나는 다양한 것에 대해 "초조함(과민함)"(on edge)을 느꼈고, 이것은 특정 내담자/환자들과 함께 일하기 때문이라고 생각한다.

.... 25. 돌봄 제공자(caregiver)로서 일을 한 결과 몸이 허약하거나 피곤하거나 기진맥진함(rundown)을 자주 느껴 왔다.

.... 26. 나는 일 때문에 우울한 기분이 든다.

..........27. 나는 일과 사생활을 분리하는 데 실패했다고 느낀다.

..........28. 나는 내 일과 관련된 무가치함/환멸감(disillusionment, 꿈이나 기대나 환상이 깨어져 그때 느끼는 괴롭고도 속절없는 마음)/분함(resentment)을 가지고 있다.

..........29. 나는 내 일에 있어서 '실패'(failure)라고 느낀다.

..........30. 나는 내 삶의 목표들을 달성하는 데 있어 성공하지 못했다고 생각한다.

* 채점 지침(Scoring Instructions)

① 모든 항목에 대한 응답을 확실히 하라

② 항목 옆에 적은 숫자들을 합하라

③ 공감적 피로 위험에 주목하라

- 94 이하 = 낮은 위험, 95~128 = 일부 위험
- 129~172 = 보통 위험, 173 이상 = 높은 위험

*주의

① 항목 1부터 22까지는 외상 후 스트레스 및/또는 이차적 외상 스트레스를 반영한다.

② 항목 23~30항은 탈진 문제를 반영한다. 완료된 척도는 공감적 피로를 나타낸다.

부록(ADDENDUM) 2

영적 외상 검사(Trauma spiritual inventory)

각 신념 진술(belief statement)과 자기 자신에 대해 어떻게 느끼고 생각하는지 뿐만 아니라 현재 당신에게 적용되고 당신의 경험을 어느 정도 묘사하는 문장을 가장 잘 서술하고 보여 주는 세로 칸(column)을 체크하라.

당신의 구체적인 상황과 경험에 따라 대답하라. 이것은 옳고(right) 그른(wrong) 대답이나 반응이 아니다. 당신 자신에 대해 무엇을 믿어야 하는가가 아니라 자신이 어떻게 경험하는지에 따라 반응하라.

* **입력(Key)**

1 = 완전히 동의하지 않음

2 = 부분적으로 동의하지 않음

3 = 불확실함: 어느 정도는 진실, 어느 정도는 거짓

4 = 부분적으로 동의함

5 = 완전히 동의함

	1	2	3	4	5
나는 결코 이것을 극복하지 못할 것이다.					
내 삶은 더 이상 가치가 없다.					
손실은 너무 커서 감당할 수 없다. 그것은 극복할 수 없다.					
나는 완전히 거부당한 느낌이다.					
나는 전혀 신경 쓰지 않는다.					
아무도 신뢰할 수 없다.					
나는 다시는 평범한 삶을 살 수 없을 것이다.					
그 손상은 영구적이며 돌이킬 수 없다.					
나는 그런 대접을 받을 자격이 없다.					
모든 것이 항상 나에게 불리하다.					
나의 미래는 이미 절단되었다.					
나는 너무 혼란스러워서 제대로 생각할 수 없다.					
나는 나에게 일어난 일에 대해 책임감을 느낀다.					
나는 극도로 죄책감을 느낀다.					
나는 완전히 무력함을 느낀다.					
나는 수치스럽고 천박함을 느낀다.					
나는 완전히 실패했다고 느낀다.					
이 세상은 살기 나쁜 곳이다.					
내게 일어난 일에 대해 하나님을 원망한다.					
정의는 이 세상에 존재하지 않는다고 생각한다.					
난 기도하고 싶지 않다. 하나님은 내 기도를 듣지 않으실 것이다.					
삶을 이어 가는 것은 무의미하다. 목적이 없다.					
나는 내 상황에 대처하고 관리하기 위해 아무것도 할 수 없다.					
하나님이 정말 나를 사랑하시고 돌보시는지 의심스럽다.					
교회 사람들은 나를 혼자 내버려 둬야 한다.					
나는 지금 당장 어떤 행동이나 결정에 저항한다.					
나는 정말 창피함을 느낀다.					
이 세상은 악한 곳이다.					
나는 극도의 분노를 느낀다.					
나는 끊임없이 다음과 같은 질문을 던진다. 왜 하필 나야?					

* 영적 외상 검사 평가(Assessment of spiritual inventory)

- **90-150**: 이 사람은 방향 감각이 없다. 상태가 상당히 심각하고 긴급하다. 이 사람은 즉각적인 관심과 지원이 필요하다. 어떤 식으로든 개입이 고려되어야 한다. 신념체계(belief system)는 의미 있게 대처하기 위한 기본적인 실존적 욕구를 충족시키기에는 부적절하고 기능적이지 않다. 이 사람은 적절한 원천(appropriate sources)에 대한 영적 확인을 절실히 필요로 한다.

- **60-90**: 반응은 상당히 정상적이지만 불확실성과 혼란의 방향을 가리키고 있다. 그러나 위태로운 몇몇 진술과 쟁점에 대해 의사소통하는 것은 매우 중요하다. 감정을 표현하고 논술하기 위해 이 사람은 도움이 필요하다.

- **30-60**: 이 반응들은 정상적이고 상황 면에서 상당히 현실적이다. 이슈와 대응은 이 반응들이 외상 경험의 일부라는 것을 발견하기 위해 논의되어야 하며 받아들여져야 한다. 이 사람은 아마도 의미를 부여하기 위해 영적 원천들(spiritual sources)을 사용하고 대처하기에 충분히 성숙했을 것이다. 이 사람은 그 경험을 성장시키고 인생 사건에 대한 새로운 희망적 관점을 개발하는 데 사용할 수 있는 권한을 부여받아야 한다.

부록(ADDENDUM) 3

목회 의미 차등 분석
(Pastoral Semantic Differential Analysis: PSDA)

하나님(God)								
a) 적당한 (appropriate)	현실(Reality)							부적당한 (Inappropriate)
있을 법한	+3	+2	+1	0	-1	-2	-3	사실 같지 않는
가능/현실								불가능한/허구의
있음직한/ 인식할 수 있는								있음 직하지 않는/ 인식할 수 없는
존재하는/ 믿을 수 있는								존재하지 않는/ 믿기 어려운
진실/개인적								거짓/일반 아이디어

가치(Value)							
b) 권한 부여 (Empowering)	+3	+2	+1	0	-1	-2	-3	방해하기/ 권한 박탈
공정한/공평한								부당/불공정 (편향)
신실한/ 신뢰할 수 있는								신실하지 않은/ 신뢰할 수 없는
사랑하는								적개심이 있는
확고부동한								일관성이 없는
가까이 하기 쉬운/ 자비로운								가까이 하기 어려운/ 무자비한

잠재력(Potential)							
c) 강한 (Strong)	+3	+2	+1	0	-1	-2	-3	약한(Weak)
전능한								무능한
공감을 나타내는/동정적인								동정심이 없는
드러내는 (의지)								숨겨진 (의지)

활동(Activity)/효율(Efficiency)							
d) 활동적인 (Active)	+3	+2	+1	0	-1	-2	-3	수동적인 (Passive)/ 관여하지 않는 (Uninvolved)
현존(가까움)								거리(간격)/ 부재(멀리)
구속된(속량된)								거절된(거부된)
축복받은 (은사들)								저주받은 (보류된 은사들)
도움(조력)								철회

부록(ADDENDUM) 4

목회 상담을 위한 간단한 진단 차트
(Brief Diagnostic For Pastoral Counselling)

1. 고통(Suffering)

1) 고통의 원인

하나님(부재/거절)		a
자기 자신(자기 비하, 열등감)		b
사회 환경(거부, 격리)		c
업무/직장(스트레스)		d
창작(완전한 실패)		e
신체(질병, 핸디캡)		f
실존적 사건(손실)		g

(X표로 표시한다. 둘 이상 표시할 수 있음)

2) 통증 강도(Intensity of pain)

고통의 정도를 평가하기 위해 교구성도나 목사는 이제 경험된 고통의 강도를 되돌아보는 시간을 갖는다. 다음 범주들 중 하나를 표시(a 또는 b 등)하여 수행할 수 있다. 이것은 경험된 고통의 정도를 나타낼 것이다.

매우 강한 중증 및 급성	극심한 압박감	중간	다양하지만 경미한	모호한 가끔 오는

2. 죄책(Guilt)

1) 죄책(guilt)과 죄책감(feelings of guilt)의 구분

(죄책은 객관적 규범의 위반에 관한 것이다. 죄책감은 사건이 자아와 정서적 삶에 미치는 정서적 영향을 나타낸다.)

규범 인식 (Norm awareness)	3	2	1	2	3	정서적 반응 (Emotional reaction)
규범/기준, 표준 위반에 대한 지식 (가치 문제)						무력/거부/열등감
성경과 하나님의 뜻에 대한 통찰(insight)						자아 존중감에 관한 문제
회개: "나는 …을 지었습니다"						불확실성과 좌절감 느낌

양심과 참된 분별력으로 말함						문화적 환경 또는 대외적 의무의 영향을 받음

등급이 어느 방향으로 움직이는가?

2) 균형 잡힌(기능적인) 죄책감과 균형 잡히지 않은(역기능적인) 죄의식을 구분

균형 잡힌 (Balanced)	3	2	1	2	3	균형 잡히지 않은 (Unbalanced)
낮은 자아 존중감						자기 파괴적 사고
정서, 행위 그리고 현실 사이의 관계						죄책감 존재에 대한 불충분한 근거
실행 가능하고 가능한 해결책/대안 검색						양심의 가책(후회)이 필요 없는 처벌 필요
책임감을 받아들임						파괴적 행동의 악화된 영향. 용서하지 않음

등급이 어느 방향으로 움직이는가?

3. 의미(Meaning)

(1) 매우 중요한 우선순위를 확인하라................................
(2) 헌신(devotion)과 성취(achievement) 중 지배적인 것은?...........
(3) 심각한 문제의 경우 가능성 있는 스트레스 요인들(원인)을 확인하라........................

인생에서 가장 중요한 목표들을 찾으라. 당신이 성취하고 싶은 것을 설명하라. 사랑하는 사람이 당신의 묘지에 서 있다고 상상해 보라(상상력을 사용하여).
당신은 그 사람이 당신의 삶에 대해 무엇을 기억하기를 원하는가?

4. 성숙함(Maturity)

균형 잡힌 (Balanced)	3	2	1	2	3	균형 잡히지 않은 (Unbalanced)
독립적이고 자율적인/ 자아 강함(ego strength)						지나친 의존 (over-dependent)
책임감 받아들임						책임감 거부
권위에 대한 존경						미숙한 행동
말(words)/이상(ideals)과 행위(deeds)/ 행동(behaviour) 사이의 일치						일치하지 않는 행동

성장(Growth)						왜곡(Distortion)
자기 통제						통제되지 않은 행동과 감정의 폭발
타인에게 집중함(봉사)						자신에게 집중 (이기주의)
능력/잠재력에 대한 현실적인 통찰력						자기 과대평가, 자기 과소평가
유연성과 적응성						완고한(rigid)
정직, 성실, 믿을 수 있는						위선적이고 거짓된 행동들
안정적인 행동						불안정한

등급이 어느 방향으로 움직이는가?

5. 신앙(Faith)

성장(Growth)	3	2	1	2	3	왜곡(Distortion)
그리스도의 화해와 동일시						화해(reconciliation)의 거절
용서함과 사랑하기						복수심을 품은 악의
감사하는 행동(기쁨)						감사함을 모르는 행동 (냉소적)
미래와 소망에 초점을 둠						미래차단, 절망/퇴행
건설적 성경 약속의 기능 하나님의 신실하심 인식함		✕				성경 약속과 무관함 하나님의 부재 경험
친교와 교감에 헌신함						성도(회중)로 관련 (속함)됨 거부(고립)

등급이 어느 방향으로 움직이는가?

6. 종교(Religion)

헌신(Commitment)/ 영성(Spirituality)	3	2	1	2	3	파괴적 경향성 (Destructive Tendencies)
수용적 믿음(receptive faith): 오직 은혜(grace alone)						공헌하는 믿음 (contributive faith): 단지 성취(공로)함으로
찬양 신앙: 오직 하나님의 신실함과 그의 영예						실리적이고 조작적인 믿음: 목적을 위한 수단으로서의 하나님
조건 없는 사랑을 통한 헌신 (봉사)						인위적인 종교: 미신으로서 종교
하나님의 존재에 대한 인식, 순종과 믿음						관습적 종교, 의무
현실적인 종교: 은혜에 대한 이해의 결과로서 죄책(guilt)과 죄(sin)에 관한 자각						신경증(노이로제)에 걸린 종교 완벽주의: 처벌을 위한. 죄책감이나 양심의 후회의 부재
유대감: 친교(fellowship) 경험 즉각적인 현실과의 접촉						병리학적 종교: 믿음은 사람을 현실에서 멀어지게 함 접촉 이탈 (loss of contact)

등급이 어느 방향으로 움직이는가?

7. 하나님 기술(God Portrayal)

권한 부여(Empowering) 하나님 이미지들 (God-Images)	3	2	1	2	3	혼란스러운 하나님 이미지들
하나님의 위엄과 사랑스런 친절(호의) (상처입기 쉬움)						거인으로서의 하나님: 모든 사건의 결정론적 원인. 폭력적 힘
심판자로서의 하나님: 구원과 성장을 위한 징계						불량배(bully)로서의 하나님: 보복으로 처벌
자비로운 아버지로서의 하나님: 고통 가운데 있는 연민 (공감)						산타클로스로서의 하나님: 종교의 이점; 불행으로부터 보장
하나님의 연민:고통과 동일시, 십자가 신학을 통해 고통에 항거함						엔지니어로서의 하나님: 모든 고통과 죄와 악의 원인
구원자로서의 하나님 하나님의 뜻: 구원, 생명, 사랑						'컴퓨터'로서의 하나님: 이성적인 청사진이다. 운명론과 결정론
친구로서의 하나님: 파트너와 동반자						마술사로서의 하나님: 즉각적인 해결책과 경이 (기적)
위로자로서의 하나님: 도움과 지원						천상의 거주자로서의 하나님: 완전한 부재(absence)

등급이 어느 방향으로 움직이는가?

코로나19 치유 핸드북
장보철 지음 / 국판변형 / 184면

코로나19 팬데믹 시대에 목회적 돌봄과 상담에 대한 전략과 방법들을 실제적으로 제시해 교인들을 위로하고 돌보며 희망의 메시지를 전하도록 돕는다. 목회자 그리고 전염병의 희생자와 그 가족, 생존자, 조력자들을 위한 실제적인 돌봄 지침과 예배 예시를 실었다. 이 외에도 상처받은 신앙 공동체를 위한 실천적 돌봄 지침과 위기에서 교회가 품어야 할 핵심 가치 7가지를 제시한다.